Die Kunst VEGAN ZU KOCHEN

Axel Meyer

FOTOS VON ROGGE & JANKOVIC FOTOGRAFEN

KOSMOS

Die Kunst VEGAN ZU KOCHEN

Vegan genießen	7
Wie alles begann	8
Richtige Ernährung	10
Vollkornprodukte	12
Lebensmittel: Qualität, die man schmeckt	14
Wertigkeit von Lebensmitteln	16
Lieblings-Zutaten in meiner Küche	18
Superfoods aus der Region	20
Spezialitäten der veganen Küche	22
Frühstück – süß & pikant	24
Salate & Vorspeisen	46
Suppen & leichte Snacks	68
Hauptspeisen für mittags & abends	90
Nachspeisen: das süße Finale	126
Ab jetzt vegan?	146
Saisonkalender	148
Warenkunde Obst & Gemüse	150
Register	154
Impressum	160

VEGAN GENIESSEN
mit Essen die Welt verändern

Nichts ist einfacher und kreativer, nachhaltiger und zugleich wirkungsvoller, als mit natürlichen Zutaten ein köstliches Essen zuzubereiten. Nur haben wir unserer Ernährung, der bewussten Auswahl der Zutaten und ihrer Zubereitung, oft zu wenig Bedeutung beigemessen und verlernt, uns dafür die Zeit zu nehmen.

Für mich ist der tägliche Einkauf meiner Lebensmittel mehr als nur die Befriedigung notwendiger Bedürfnisse. Er drückt meine gesellschaftspolitische Verantwortung aus, mit der ich beim Kauf mitentscheide, wie sie kultiviert und produziert wurden. Indem ich im Biomarkt frisches Obst, Gemüse und Getreide kaufe, aktiviere ich den ersten positiven Kreislauf, der auf dem Feld beginnt. Das ist ein positives Gefühl, wenn ich weiß, dass die Zutaten natürlich und ohne Gift gewachsen sind und überwiegend von Menschen geerntet und verarbeitet werden, die dafür eine faire Bezahlung erhalten. Wurden dann noch möglichst viele Lebensmittel regional aus Bio-Anbau erzeugt, sind wir dem Optimum schon sehr nahe.

Zu Hause beginnt dann die eigentliche Kunst, der schöpferische Akt, die sorgfältig ausgesuchten Zutaten schonend und lecker zuzubereiten. Die Kunst der Zubereitung besteht für mich nicht in komplizierten Techniken, sondern vielmehr in dem gesamten Prozess vom Einkauf der Lebensmittel über die Zubereitung bis hin zum genussvollen Essen. Mit Achtsamkeit und Hingabe ein Essen zu kreieren, ist für mich ein schöpferischer Akt, vergleichbar dem Töpfern einer Vase oder dem Malen eines Bildes. Während dabei das schöpferische Werk erhalten bleibt, ist nach Zubereitung und Genuss aber scheinbar das „Kunstwerk" und mit ihm die ganze Kreativität des Kochs aufgegessen und verschwunden. Von daher ist für mich Kochen am ehesten vergleichbar mit dem Kreieren eines tibetischen Sand-Mandalas, das aus farbigem Sand und Erde gestaltet und anschließend in einem meditativen Ritual dem Wind ausgesetzt wird, wodurch die ganze Schönheit mit einem Hauch wieder verflogen ist. Was bleibt, ist die Erinnerung an das schöpferische Tun und vor allem die positive Energie, die in uns nachhallt. Beim Essen kommt noch die stärkende Kraft der guten Zutaten dazu. Wenn wir in diesem Bewusstsein mit natürlichen Zutaten ein Essen zubereiten und achtsam genießen können, wird sich ein Gefühl der Dankbarkeit einstellen, das unser Leben und auch unsere Sichtweise verändern wird. Und genau damit können wir jeden Tag ein kleines Stück dazu beitragen, die Welt gemeinsam zu verändern.

In diesem Buch finden Sie nicht nur meine Lieblingsrezepte, sondern auch viele bekannte Klassiker wie Bircher-Müsli, Waldorfsalat, Champignon-Risotto bis hin zu Mousse au Chocolat oder Tiramisu – die man auch ohne Ersatzprodukte zubereiten kann. Und oft hat meinen Gästen die vegane Variante sogar besser geschmeckt als das Original. Viel Freude und kreative Inspiration beim Nachkochen meiner Rezepte!

Ihr
Axel Meyer

WIE ALLES BEGANN
mein erstes Kochbuch

Die Resonanz auf mein erstes Buch „Die Kunst des Backens", das 1979 veröffentlicht wurde, war so groß, dass ich recht schnell nach einem vegetarischen Kochbuch gefragt wurde. Die „Kostproben aus der Pflanzenküche" erschienen erstmals 1981 – als Highlight mit einer Anleitung zur Herstellung von Tofu, der zu dieser Zeit bei uns kaum bekannt und auch noch nicht erhältlich war.

In den 1980er Jahren sprossen die ersten Bioläden wie Pilze aus dem Boden. Die damaligen „Naturkostläden", wie sie sich selbst nannten, hatten allerdings noch einen etwas anderen Anspruch als heute. Die Reformhäuser, die zwar als erste und bis dahin einzige Läden rein vegetarische Lebensmittel im Sortiment hatten, waren bereits in die Jahre gekommen und selbst reformbedürftig geworden. Die neuen dynamischen Naturkostläden wurden meist von jungen Revoluzzern mit politischem Hintergrund und Verantwortungsbewusstsein gegründet – sehr viele mit dem Anspruch, gesellschaftlich etwas zu verändern. Fast alle dieser neuen Läden hatten ausschließlich, zumindest anfangs, ein vegetarisches Sortiment, einige sogar damals bereits rein vegan. Alkohol gab es in den ersten Läden ebenfalls nicht. Und wie gesagt, auch noch keinen Tofu. Erst später, durch die weltweite Verbreitung der Makrobiotik, der fernöstlichen Ernährungslehre von Georges Ohsawa und seinem Nachfolger Michio Kushi, hat er in Deutschland Aufmerksamkeit erlangt.

Ganz im Gegensatz zur Makrobiotik, die überwiegend gekochte und sautierte Nahrung verwendet, war die Rohkost-Bewegung auch in den 1980er Jahren ein Thema und stand in diametralem Gegensatz zur fernöstlichen Lehre. Der Protagonist der Rohkost-Bewegung war Walter Sommer, der mit seinem bereits 1952 erschienenen Werk „Das Urgesetz der natürlichen Ernährung" mit zahlreichen historischen Textstellen, Zitaten und Studien die Natürlichkeit einer rein rohen Ernährungsweise belegt. Seine bereits damals aufgestellten Thesen einer falschen tierischen Ernährungsweise, die nicht nur ungesund, sondern auch unter sozialen Aspekten ohne Landraub und Verteidigung mit Waffen nicht möglich ist, hat heute wieder neue Aktualität erreicht. Doch bereits Ende des letzten Jahrhunderts erschien diese Ernährungsweise vielen Menschen zu extrem, wenngleich sie bis heute durch ihre Ursprünglichkeit, Leichtigkeit und Einfachheit ihren Charme behalten hat, was sich auch in der jüngsten „Raw Food"-Bewegung widerspiegelt. Walter Sommer ist mit seiner veganen Rohkost gesunde 98 Jahre alt geworden. Er gilt heute als Urvater der veganen Rohkost.

Meine „Kostproben aus der Pflanzenküche" waren sowohl durch die Lehren von George Ohsawa als auch durch die von Walter Sommer stark geprägt. Mein Anspruch war es – damals wie heute – eine Ernährungsweise zu finden, die all diese Kriterien von Ursprünglichkeit und Natürlichkeit erfüllt und gleichzeitig die Erkenntnisse neuester Studien berücksichtigt. Heute sehe ich das, was ich in jungen Jahren gelernt und bereits früh für mich als richtig erkannt habe, in zahlreichen Studien bestätigt. Experten schätzen, dass über 90% aller Erkrankungen sogenannte Zivilisationskrankheiten sind, die auf eine falsche und mangelhafte Ernährung zurückzuführen sind. Eine Entwicklung, die lange bekannt ist, aber aus Rücksicht auf industrielle Interessen in der Gesellschaft noch viel zu wenig publik gemacht wird. Insbesondere an Schulen mangelt es an Aufklärung für die sehr werbeaffinen Jugendlichen.

So konnten Fertiggerichte und Fast-Food-Ketten in unserer Gesellschaft, insbesondere bei unserer Jugend, eine dominante Stellung einnehmen. Und ganz nebenbei ist so die Notwendigkeit zu kochen und damit die Freude, die das mit sich bringen kann, aus unserem Fokus verschwunden. Vor dem Hintergrund, dass heute fast die Hälfte aller produzierten Lebensmittel auf dem Weg vom Acker bis auf unseren Teller verkommen und die CO_2-Belastung für unsere von tierischen Produkten dominierten Essgewohnheiten mittlerweile schon den Ausstoß des gesamten weltweiten Verkehrs übertrifft, hat diese Entwicklung dramatische Formen angenommen.

Untermauert werden diese Beobachtungen durch eine Vielzahl wissenschaftlicher Einzelstudien, die unter dem Begriff und gleichnamigen Sachbuch „China Study" zusammengefasst sind. Die von dem amerikanischen Ernährungswissenschaftler Collin Campbell geleitete Studie ist die mit Abstand aktuellste und bedeutendste Ernährungsstudie, die von der New York Times als „Jahrhundertstudie" bezeichnet wird. Es ist eine Bestätigung dafür, dass unsere tägliche Ernährung eine viel größere Bedeutung hat, als von den meisten Menschen angenommen. Die Indizien dieser weltweit umfassendsten Ernährungsstudie sind entwaffnend und wecken zugleich Hoffnung. Liebhaber tierischer Produkte finden darin tatsächlich die Bestätigung, dass Milch gut und gesund ist, allerdings nur für Kälbchen und nicht für uns. Für alle Menschen, die zu den gewohnten Wehwehchen mit zunehmendem Alter chronische Erkrankungen bekommen, ist dieses Buch ein Segen, das ungeahnte hoffnungsfrohe Perspektiven aufzeigt.

Während sich meine Rezepte natürlich im Laufe der Zeit verändert haben und immer wieder variiert wurden, so ist neben meiner Einstellung zur Bedeutung unserer Ernährung meine Vorliebe für naturbelassene Lebensmittel unverändert geblieben. Und auch die Einfachheit der Rezepte, die nicht nur köstlich schmecken, sondern uns mit wenigen ausgewählten und rein pflanzlichen Zutaten Kraft geben und gesund erhalten sollen – in einer Zeit, in der Gesundheit als ein immer bedeutenderes Gut wahrgenommen wird.

Ebenfalls nicht verändert hat sich meine Hingabe, mit der ich Speisen gern und liebevoll zubereite, und meine Dankbarkeit für die reinen Gaben der Natur. Glück ist eben kein Geschenk der Götter, sondern die Frucht unserer inneren Einstellung und die können wir gerade beim Kochen besonders gut und einfach zum Ausdruck bringen.

*„Lass die Nahrung deine Medizin
und die Medizin deine Nahrung sein".*
Hippokrates

RICHTIGE ERNÄHRUNG
auf der Suche nach der wahren Lehre

Ernährungslehren und Diäten hat es zu jeder Zeit gegeben. Ihre Beliebtheit ist und war schon immer abhängig von gesellschaftlichen Trends oder neuen wissenschaftlichen Erkenntnissen. Der wesentliche Unterschied besteht darin, dass heute die Interessen der Industrie einen deutlich stärkeren Einfluss auf die Qualität unserer Nahrung haben und dadurch die grundsätzliche Eigenschaft von Lebensmitteln, unseren Körper zu stärken und gesund zu erhalten, in den Hintergrund getreten ist. Diese unerfreuliche Entwicklung kann fatale Folgen haben für diejenigen, die bei ihrer Ernährung einfach darauf vertrauen, dass schon alles gut sein wird, ganz nach dem Motto „Sonst dürfte es ja gar nicht verkauft werden". Doch wir sind gut beraten, wenn wir uns von dieser blauäugigen Einstellung verabschieden und selbst herausfinden, was wirklich gut für uns ist. Der oben zitierte Satz des Hippokrates ist über jeden Ernährungstrend erhaben und trifft für mich den Nagel auf den Kopf.

DIE WAHRE LEHRE

Ich habe in meinem Leben unzählige Ernährungslehren kennengelernt, auf meinen Indienreisen z.B. die Prinzipien der ayurvedischen Ernährung. Die Einteilung der Lebensmittel nach Verarbeitungsschritten von Bircher-Benner sowie die kritischen Darstellungen von Dr. M.O. Bruker haben mich inspiriert und meine Rezepte und meinen Speiseplan geprägt.
Zwei wesentliche, diametral entgegengesetzte Ernährungslehren haben mich besonders beeinflusst: Die Makrobiotik nach Georges Ohsawa und Michio Kushi und die vegane Rohkost nach Walter Sommer. Was mich schon als junger Mensch besonders fasziniert hat, sind die dokumentierten Heilerfolge, die beide Lehren, bei all ihrer Unterschiedlichkeit, vorweisen können. Ich habe auf meinen Studienreisen immer wieder Menschen getroffen, die schwer krank und von ihrem Arzt längst aufgegeben waren. Ihre Heilungsgeschichte, von der sie berichteten, hatte immer mit einer Ernährungsumstellung zu tun. Und eines hatten alle gemeinsam: die Entscheidung, das eigene Leben neu zu betrachten, herauszufinden, was gut für einen selbst ist. Und das kann für jeden Menschen anders ausfallen und hängt von vielen einzelnen Faktoren ab.

MAKROBIOTIK

Sie war während meiner Studienzeit eine wichtige Hilfe, um mir überhaupt erst einmal Gedanken über meine Essgewohnheiten zu machen. Alle Lebensmittel werden hier nach dem universellen Prinzip von Yin und Yang unterteilt. Die Kunst besteht darin, diese scheinbar entgegenwirkenden vitalen Kräfte im Leben und in der Ernährung in eine dynamische Balance zu bringen. Dafür gibt es Tabellen, in denen die Lebensmittel nach Getreide, Gemüse, Obst, Nüsse etc. unterteilt sind, jeweils mit der Angabe, ob sie mehr Yin oder mehr Yang sind. Eine andere Tabelle listet die Gemütszustände bzw. Erkrankungen auf, mit der entsprechenden Yin-Yang-Kennzeichnung. Das erleichtert es, die richtigen Zutaten auszuwählen, d.h. diejenigen, die nicht nur gut schmecken, sondern auch den aktuellen persönlichen Zustand positiv beeinflussen. Trotz der Tatsache, dass in der Makrobiotik auch rohe Fische verzehrt werden, habe ich durch das Wissen von Yin und Yang und die richtige Auswahl der Zutaten für mich sehr viel gelernt. Einige klassische makrobiotische Rezepte wie Gomasio oder Miso-Suppe finden sich auch in diesem Buch.

ROHKOST

Im Gegensatz zur Makrobiotik, in der zur Yangisierung der Zutaten sautiert und gebraten wird, stehen die unterschiedlichen Rohkost-Bewegungen. Ihr Vorbild ist Walter Sommer und sein Werk „Das Urgesetz der natürlichen Ernährung". Er bezieht sich darauf, dass der Mensch vor der Entdeckung des Feuers, vor rund 800.000 Jahren, sich von rohen Beeren, Pilzen, Gräsern und Früchten ernährt hat. Der Schluss, dass unser Körper deshalb auf die Verdauung von rohen Lebensmitteln angelegt ist, mag richtig sein, ist allerdings sehr umstritten. Denn der menschliche Körper hat sich im Laufe der Evolution verändert und angepasst. Richtig ist, dass bis auf wenige Ausnahmen wie Kartoffeln und Bohnen alles roh verzehrt werden kann und durch Erhitzen ein Großteil der Vitalstoffe verloren geht. Ich plane daher beim Essen immer einen möglichst hohen Rohkostanteil als Salat mit ein.

DER INDIVIDUELLE SPEISEPLAN

Meine persönlichen Erfahrungen, die auf langjährigen Beobachtungen und zahlreichen Gesprächen mit den Teilnehmern meiner Seminare und Koch-Workshops basieren, haben mir gezeigt, dass es die eine wahre Ernährungsweise nicht gibt und auch nicht geben kann. Vielmehr sind Typ, Temperament, Herkunft und Anlagen sowie die unterschiedlichen Lebensräume, Gewohnheiten und vor allem persönliche Vorlieben ganz entscheidende Faktoren für den optimalen individuellen Speiseplan. Diese Erfahrungen, unter Berücksichtigung ethischer, gesellschaftspolitischer und umweltverträglicher Aspekte, haben mich zu einer ausgewogenen, natürlichen und vollwertigen Mischkost gebracht. Sie ist seit meinem 18. Lebensjahr immer vegetarisch und war mein ganzes Leben weitestgehend vegan, zu Hause immer und unterwegs so vegan wie möglich.

VOLLKORNPRODUKTE
lebensverlängernd trotz Gluten

Getreide in Form von Vollkornbroten oder als Flockenzusatz in Müslis hat in den letzten Jahrzehnten ständig an Beliebtheit gewonnen und eine wichtige Rolle in der bewussten gesunden Ernährung eingenommen. Erst in jüngster Zeit wurde Vollkorn zunehmend zum Synonym für Gluten und Kohlenhydrate und gilt zwischen „Low Carb" und „Paleo" eher als verpönt. Menschen mit Gluten-Unverträglichkeit wird ein vollständiger Verzicht von glutenhaltigen Lebensmitteln und damit auch der meisten Vollkornprodukte empfohlen. Doch trotz Gluten: Vollkornprodukte haben sogar lebensverlängernde Eigenschaften, wie eine neue Studie ergeben hat. Durch übermäßigen Konsum von Weißmehlprodukten konnten Unverträglichkeiten wie die auf Gluten überhaupt erst entstehen.

VOLLKORN ALS LEBENSVERLÄNGERND

Die groß angelegte Studie, die vom Fachmagazin *JAMA International Medicine* 2015 veröffentlicht wurde, umfasst die Daten von über 100.000 Menschen (74.000 Frauen und 43.000 Männern) und wurde über einen Zeitraum von 25 Jahren durchgeführt. Zu Beginn gab es bei keinem Patienten eine Krebsdiagnose oder Kreislauf-Erkrankung. Dies änderte sich jedoch im Verlauf der Studie, abhängig von der Ernährung. Je mehr Vollkornerzeugnisse und je weniger raffinierte Getreideprodukte mit Auszugsmehlen, desto besser das allgemeine Wohlbefinden – unabhängig von Lebensstil und Ernährungsgewohnheit.

Die von der *Harvard University* in Auftrag gegebene Studie erkennt damit die Bedeutung von Vollkorn als wichtigem Bestandteil einer gesunden Ernährung an, die vor den meisten chronischen Erkrankungen schützen kann. Die Quintessenz:

- Der Verzehr von Vollkorn steht im Zusammenhang mit einer um durchschnittlich 9 % geringeren allgemeinen Sterblichkeit und einer um 15 % niedrigeren Sterblichkeit durch Herz-Kreislauf-Erkrankungen.

Wirklich neu sind diese Erkenntnisse allerdings nicht, da die Ernährungsreformer Bircher-Benner und Dr. Bruker schon vor Jahrzehnten die Bedeutung vollwertiger Lebensmittel wie Vollkornbrot, Müsli und Frischkornbrei gepredigt haben. Aber sie sind der wissenschaftliche Beweis dafür, dass Essgewohnheiten mit hohem Anteil denaturierter Nahrungsmittel wie Weißmehl, raffinierten Ölen und Transfetten sowie Industriezucker extrem ungesund sind. Darüber hinaus erhöht diese Ernährungsweise nicht nur die Entstehung von Unverträglichen und Allergien um ein Vielfaches, sondern auch das konkrete Risiko einer chronischen Erkrankung.

UNVERTRÄGLICHKEITEN

Wer unter Gluten-Unverträglichkeit leidet, sollte natürlich keinesfalls Produkte mit Auszugsmehlen verwenden. Dies gilt auch für Vollkorn-Erzeugnisse. Doch es gibt zahlreiche Getreidesorten, wie z.B. Reis, Hirse und Buchweizen, die kein Gluten enthalten und dennoch köstlich schmecken und gesund sind – vorausgesetzt es sind wirklich Vollkornprodukte, also Vollkornreis oder ungeschälte Hirse.

Dr. Bruker konnte nachweisen, dass durch die Umstellung auf eine vollwertige Ernährungsweise bei Patienten nicht nur die anfängliche Unverträglichkeit auf Vollkorn verschwand, sondern auch allgemein die Überempfindlichkeit auf andere Lebensmittel. Menschen mit Pollenallergie und Heuschnupfen berichten, dass nach Umstellung ihrer Ernährung auf eine vitalstoffreiche Vollwertkost, frei von tierischem Eiweiß und mit hohem frischen Obst- und Gemüseanteil, die Allergien weniger häufig und heftig auftreten. Und nicht selten verschwinden Allergien nach Jahren der Umstellung, und zwar ganz ohne Medikamente.

LEBENSMITTEL
Qualität, die man schmeckt

RIECHEN & SCHMECKEN

Oft ist uns gar nicht bewusst, dass wir unser Essen zuerst mit der Nase wahrnehmen und riechen, bevor es unseren Gaumen berührt und wir es schmecken. Erst die Botschaft, die unsere Nase an das Duftgedächtnis meldet, weckt unsere bewussten Assoziationen, wie „köstlich" oder wie „angebrannt" und „schrecklich" etwas schmeckt.
Der Geruchssinn galt über Jahrhunderte immer als der geheimnisvollste aller Sinne und ist auch bis heute der am wenigsten erforschte. Wie kommt es, dass einem so überlebenswichtigen Sinn, der uns beispielsweise vor der Aufnahme schädlicher Stoffe wie giftige Gase durch Schutzreflexe wie Niesen warnt, so wenig Aufmerksamkeit gewidmet wurde? Gerüche und Düfte können faszinierend und unwiderstehlich sein, sie können aber auch sehr unangenehm sein. Und genau deshalb ist das Thema „Riechen" noch heute in vielen Lebensbereichen ein Tabu.
Früher war der Geruchssinn im wahrsten Sinne des Wortes überlebenswichtig, für unsere Vorfahren in den Wäldern wäre die Nahrungssuche ohne eine gute „Spürnase" aussichtslos gewesen. Heute brauchen wir unseren Geruchssinn zwar nicht mehr, um Beeren und Pilze zu erspüren, doch eine gute Nase schützt uns nach wie vor intuitiv vor Gefahren. Wo unsere Augen nicht weiterhelfen können, sagt uns unsere Nase ganz schnell, ob das Essen vom Vortag noch gut oder schon merkwürdig riecht. Bevor wir es schmecken können, melden unsere Geruchsrezeptoren dem Gehirn „alles o.k." oder „Achtung Gefahr!"

NATÜRLICH GUT

Wer nichts riechen kann, schmeckt in der Regel auch nichts. Geruchs- und Geschmackswahrnehmung sind subjektiv miteinander verknüpft, was bedeutet, dass der Geruch und der Geschmack einer Speise gleichzeitig als eins wahrgenommen werden. Gute ebenso wie verdorbene Nahrung können wir riechen und als solche erkennen, ohne sie berührt bzw. geschmeckt zu haben. Das ist ein hervorragender Schutz.
Maßgeblich für den späteren Geschmack eines Essens ist die Qualität der einzelnen Zutaten, die vom Acker bis auf unseren Teller im Wesentlichen bestimmt werden durch:
- Saatgut und Anbau
- Lagerung und Konservierung
- Weiterverarbeitung und Verpackung

Die bewusste sorgfältige Auswahl von Obst, Gemüse, Getreide, Nüssen und Kernen ist daher von ganz besonderer Bedeutung. Alle Lebensmittel sollten deshalb so natürlich und unbehandelt wie möglich sein und zwar vom Saatgut an. Das ist nicht nur gut für uns, sondern auch für die Natur!

SAATGUT & ANBAU

Das Saatgut hat in den letzten Jahren eine immer wichtigere Bedeutung bekommen, und zwar durch die rasante Entwicklung der Gentechnik. Zu GVO (gentechnisch veränderte Organismen) und gentechnisch verändertem Saatgut gibt es bis heute keinerlei Langzeitstudien über deren Verträglichkeit. Bei Milchkühen hat die Umstellung auf gentechnisch verändertes Saatgut und das daraus gewonnene Getreide nachweislich zu einer höheren Krankheitsanfälligkeit geführt, deutlich mehr Tiere sind an Infekten gestorben als vorher! Die Vorzeige-Bauern von einst sind längst zu den stärksten Gegnern der Gen-Industrie geworden.

KONVENTIONELLER ANBAU
Konventionelles Saatgut wird ebenso wie gentechnisch verändertes bei der Anzucht und Weiterverarbeitung mit sehr viel Chemie behandelt, insbesondere mit den sogenannten Neonicotinoiden, die

u. a. für das weltweite Bienensterben verantwortlich gemacht werden. Zudem ist die konventionelle Landwirtschaft (konventionell sind alle Lebensmittel, die nicht mit einem der gesetzlich zugelassenen Bio-Siegel deklariert sind!) erheblich an der Vergiftung unseres Grund- und Trinkwassers durch die Ausbringung von Nitraten auf den Boden beteiligt, die bei der Massentierhaltung unvermeidbar sind. Das tonnenweise Verspritzen von Herbiziden und Pestiziden wie Glyphosat hat dazu geführt, dass kaum noch ein deutscher Trinkwasserbrunnen frei von diesem und anderen als krebserregend eingestuften Stoffen wie Atrazin ist, obwohl Letzteres bereits 1991 verboten wurde.

Darüber hinaus werden bei der konventionellen Landwirtschaft und verstärkt im GVO-Anbau die alten über Jahrhunderte durch Selektion entstandenen Sorten immer mehr durch klar definierte, meist patentierte Standardsorten ersetzt, ausschließlich zur Kostenreduzierung und Gewinnmaximierung – und auf Kosten des Geschmacks.

BIO-ANBAU

Bei der biodynamischen Wirtschaftsweise „Demeter" und auch beim zertifizierten Bio-Anbau werden weder bei der Saatgut-Gewinnung noch bei den Kulturen chemische Düngemittel, Herbizide, Pestizide oder Fungizide eingesetzt. Neonicotinoide sind strengstens verboten! Diese Anbauverbände setzen sich zunehmend auch für den Erhalt und die Kultivierung alter Sorten bei Getreide, Obst und Gemüse ein – und das ist natürlich auch zu schmecken!

KONSERVIEREN & LAGERN

Die Liste der rechtlich zulässigen Zusatzstoffe, die für Konservierung, optische und haptische Verbesserung eines Lebensmittels erlaubt sind, ist lang und komplex. Sie reicht von „Ammoniak-Zuckerkulör" über „Natriumhydrogencarbonat" bis hin zu „Salzsäure" (E507) und ist ohnehin für Verbraucher ohne Chemiestudium unverständlich. Wen es interessiert, was alles nicht in unseren Lebensmitteln sein sollte, aber im Namen des Gesetzes erlaubt ist, kann dies in der „Zusatzstoff-Zulassungsverordnung" nachlesen (www.gesetze-im-internet.de/bundesrecht/zzulv_1998/gesamt.pdf). Erst diese sogenannten Hilfsstoffe ermöglichen es, dass viele Lebensmittel, z. B. die „Semmel" oder „Schrippe", kurz das Lieblingsbrötchen der Deutschen, so aussehen, riechen und schmecken, wie wir es kennen.

BIO-SIEGEL

Wer Ausschau nach möglichst gift- und zusatzstofffreien Lebensmitteln hält und keinen vertrauenswürdigen Bauern in seiner Nähe hat, orientiert sich am besten in Bioläden oder auf dem Markt bei zertifizierten Bio-Bauern. Das bietet derzeit die größtmögliche Sicherheit, weitestgehend unbelastete und gentechnikfreie Lebensmittel zu erhalten. Denn nach der Bioverordnung sind, bis auf wenige Ausnahmen, alle chemischen Zusatzstoffe sowohl bei der Lagerung als auch bei der Konservierung verboten! Produkte mit dem staatlichen deutschen Bio-Sechseck-Siegel sollten dem EU-Biosiegel vorgezogen werden, da die deutschen Bio-Richtlinien immer noch die strengsten sind, vor allem nach den Demeter-Richtlinien der biodynamischen Landwirtschaft.

WEITERVERARBEITUNG

Unsere Lebensmittel sollten auf gesundem Boden möglichst natürlich gewachsen sein. Regionales Freilandgemüse ist nicht nur für uns, sondern auch für die Umwelt besser als das Angebot aus Gewächshäusern. Das Optimum für Mensch und Natur ist es, das jeweils saisonale Obst und Gemüse aus der Region zu verwenden bzw. zu bevorzugen (siehe Saisontabelle Seite 148). Alle anderen Sorten sollten Sie entsprechend maßvoll genießen. Die einzelnen Verarbeitungsschritte, die ein Lebensmittel verändern, finden Sie in der Tabelle „Wertigkeit von Lebensmitteln" (Seite 16) dargestellt. Sie dient der Orientierung, will Sie aber auch dazu motivieren, öfter einfach mal wieder in einen Apfel oder eine Möhre zu beißen.

Diese regionalen Superfoods haben es nämlich wirklich in sich – und sie sparen zudem auch noch teure Nahrungsergänzungsmittel.

WERTIGKEIT
von Lebensmitteln

In ihrer gesamten Entwicklungsgeschichte von etwa 200.000 Jahren hat sich die Ernährung des Menschen in den letzten 100 Jahren nahezu vollständig verändert. Das bedeutet, dass sich in weniger als 0,05 % unserer Geschichte unsere Ernährung über 90 % verändert hat! Wen wundert es da noch, dass die Ursachen für nahezu alle sogenannten Zivilisationskrankheiten in einer mangelhaften und falschen Ernährung zu finden sind, was durch zahlreiche internationale Studien gut belegt ist. Die Veränderung von Lebensmitteln beginnt bereits beim manipulierten Saatgut und der chemischen Behandlung während des Wachstums. Doch die stärkste Denaturierung erfolgt – auch bei natürlich gewachsenem Obst und Gemüse – durch die industrielle Bearbeitung.

Am Beispiel eines Apfels lässt sich schnell erkennen, wie seine biologische Wertigkeit nach ernährungsphysiologischen Erkenntnissen durch den Verarbeitungsprozess abnimmt.

 Natürlich ist der ungespritzte, unbehandelte Bio-Apfel, optimalerweise aus der Region.

 Bereits durch eine mechanische Bearbeitung wie Raspeln setzen Oxidationsprozesse ein, wodurch der Apfel an Vitalstoffen verliert, die in der Natur durch die Schale geschützt werden.

 Kommt Hitze mit ins Spiel, verliert der Apfel alle hitzeempfindlichen Vitalstoffe. Durch Kochen, Zuckern und Zugabe von Konservierungsstoffen wird das Apfelmus immer wertloser – auch wenn es gut schmecken mag!

 Die totale Abwertung erfolgt beim Apfelfruchtsaftgetränk, das nur noch aus Wasser, synthetischen Aroma-, Farb- und Konservierungsstoffen besteht.

Fazit: Je unbehandelter und natürlicher die Lebensmittel sind, desto gesünder für uns und die Umwelt!

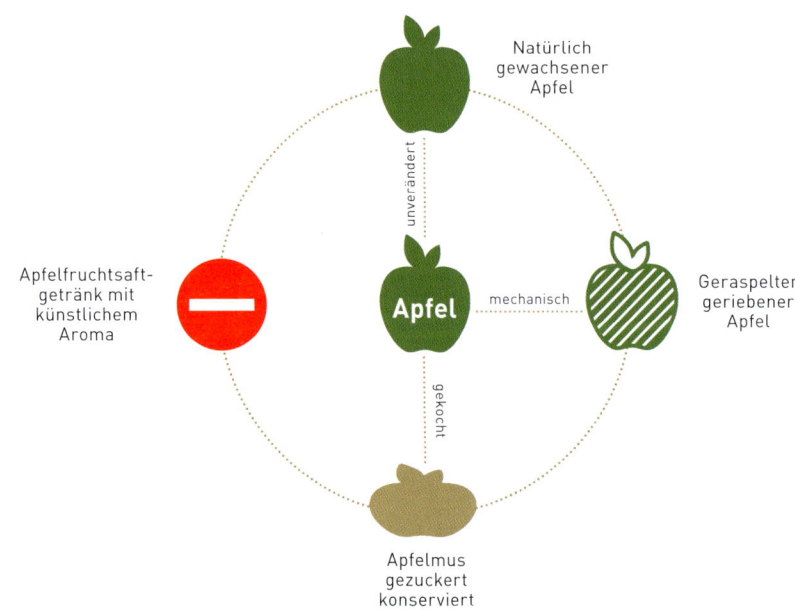

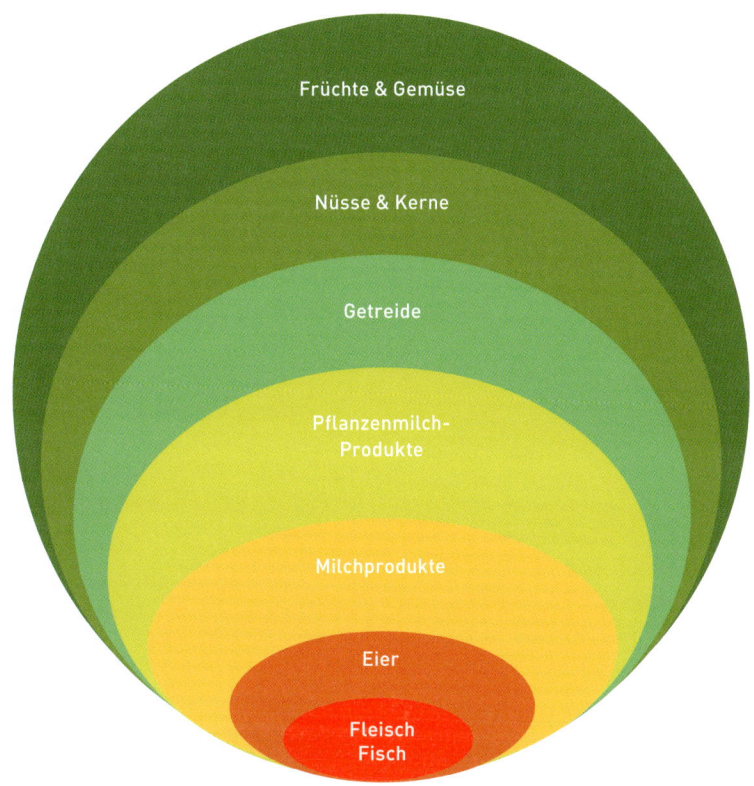

SPEISEPLAN-EMPFEHLUNG

 Früchte & Gemüse: Früchte sollte man am besten frisch genießen, da sie dann noch alle lebenswichtigen Vitalstoffe wie Vitamine, Spurenelemente und Mineralstoffe enthalten. Das Gleiche gilt für Gemüse. Je höher der tägliche Anteil an rohem Gemüse in Form von Salaten, umso besser. Beim Kochen sollte Gemüse nur kurz sautiert werden.

 Natürlich gewachsene Nüsse, Mandeln und Kerne versorgen uns mit nahezu allen Vitalstoffen und sind für eine gesunde Ernährung unentbehrlich!

 Alle Getreidearten sollten möglichst aus Vollkorn sein, wodurch sie übrigens automatisch weniger Gluten enthalten und einer möglichen Intoleranz vorbeugen können. Das gilt nicht nur für Brot und Gebäck, sondern auch für Nudeln oder Pizzen. Empfehlenswert für Müsli ist ein roher Anteil in Form von frisch geflocktem Hafer, da im Handel erhältliche Haferflocken leider erhitzt werden!

 Abgesehen von ethischen Aspekten sind Pflanzenmilch-Produkte auch ernährungswissenschaftlich der Kuhmilch vorzuziehen, die artfremd und nur fürs Kalb optimal ist (siehe auch Seite 138). Mit massiver Werbung wird versucht, die neuesten ernährungsphysiologischen Erkenntnisse über artfremdes Eiweiß zu vertuschen, sodass nach landläufiger Meinung Milch nach wie vor für gut, gesund und lebenswichtig gehalten wird.

 Wer weder vegan noch vegetarisch lebt und auch nicht auf Eier, Fisch und Fleisch verzichten möchte, sollte sich einfach bewusstmachen: je weniger, desto besser – für die Tiere, die Natur als unseren gemeinsamen Lebensraum und für uns selbst!

Mit dem eigenen Essen kein Leid mehr zu erzeugen, das erleichtert und hat eine unglaublich befreiende Wirkung für Herz und Seele.

LIEBLINGS-ZUTATEN
in meiner Küche

OBST & GEMÜSE

Die natürlichen Früchte der Natur stehen immer auf meinem Speiseplan. Dabei favorisiere ich heimische Sorten wie Äpfel sowie anderes Obst und Beeren der jeweiligen Saison. Abwechslung bringen Orangen und Bananen, die es aus Bio-Anbau aus Italien und Spanien gibt und die eine deutlich bessere CO_2-Bilanz aufweisen als exotische Früchte wie Mangos oder Papayas. Obwohl ich sie liebe, verwende ich sie nur sehr bewusst und in jedem Fall aus zertifiziertem Bio-Anbau, damit der lange Transportweg wenigsten im Ursprungsland einen positiven Effekt hat – durch giftfreie Kultivierung und faire Bezahlung.

Aus dem schier grenzenlosen Angebot der verschiedenen Gemüsesorten zählen Möhren, Rote Bete, Sellerie, Zwiebeln und Knoblauch zu meinen Basics, die ich häufig für Rohkost-Salate, sautiert oder für Bratlinge und Aufläufe verwende. Sie geben am meisten Power und sind ebenfalls fast ganzjährig verfügbar.

Wenn ich alleine bin, ist meine Rohkost-Vorspeise meist nur eine leckere Bio-Möhre aus der Hand ohne Öl, Essig und Salz. Das tut nicht nur der schlanken Linie gut, sondern stimmt uns auch auf die Einfachheit des Lebens ein.

GETREIDE

Die verschiedenen Getreidearten sind neben Früchten und Gemüse in der vitalstoffreichen Pflanzenküche die Kartoffeln der Normalkost – nur eben mit sehr viel mehr Mineralstoffen. Neben diversen Reissorten spielen für mich Hirse und Buchweizen eine wichtige Rolle. Auch Bulgur und Couscous, verschiedene Ausmahlungsgrade aus dem vorgekochten Weizenkorn, lassen sich aufgrund ihrer kurzen Garzeit schnell und hervorragend zu Bratlingen verarbeiten.

Alte, wiederentdeckte Getreidesorten wie beispielsweise Kamut, Quinoa und Amaranth zählen zu meinen absoluten Lieblingen.

KERNE & NÜSSE

An erster Stelle stehen Nüsse, Mandeln, Pinien- und Zedernkerne, die ich immer dabeihabe, wenn ich unterwegs bin. Auch in der Küche sind sie die Must-haves, die jedem Müsli und Salat gesunden kernigen Biss und das besondere Etwas verleihen. In Wasser gequollen und püriert lassen sich aus ihnen eine leckere Pflanzenmilch, köstliche Desserts, Gebäck und vieles mehr herstellen.

GEWÜRZE

Frische und getrocknete Kräuter dürfen in meiner Küche natürlich nicht fehlen! Meine „Urlaubskräuter", wie ich sie nenne, sind fast alle mediterranen Ursprungs wie Oregano, Basilikum, Rosmarin und Thymian. Die winterharten Sorten habe ich im Garten angepflanzt und meist immer verfügbar. Erfreulicherweise sind viele Kräuter, auch ausgefallene wie Selleriegrün, in Bio-Qualität verfügbar.

Für süße Speisen dürfen Zimt, Vanille und Tonkabohnen nicht fehlen. Letzteres gibt es nur konzentriert als Bio-Aroma, ist bedauerlicherweise recht teuer, da kaum verfügbar, aber verleiht Desserts seine ganz besondere balsamisch-aromatische Note.

STATT MILCH & EI

Ersatz für Milchprodukte und Eier braucht es in meiner vitaveganen Küche nicht. Sogar köstliche Kuchen und Torten gelingen ohne sie (siehe mein Backbuch). Das gilt erst recht fürs Kochen! Auch Eierspeisen wie Omelett oder Rührei funktionieren und schmecken. Und mein „Tofuhrei" (siehe Seite 41) bekommt durch eine Prise Schwarzsalz die typisch schwefelige Eier-Note.

Wer keinen Tofu mag oder verträgt, verwendet je nach Speise eine Mischung aus Kichererbsen- und Lupinenmehl.

Statt Kuhmilch bietet die Natur ein Potpourri unterschiedlicher Milchsorten aus Nüssen, Mandeln und Getreide (siehe Seite 138).

SUPERFOODS
aus der Region

Superfoods sind zwar noch nicht in aller Munde, aber doch auf dem besten Weg dahin. Insbesondere im veganen Milieu möchte niemand mehr auf die abwehrstärkenden und lebensverlängernden Eigenschaften von Acai- und Goji-Beeren, von Moringa-Blättern und Co. verzichten, die durch massiven Werbeeinsatz bekannt gemacht wurden und ihren stolzen Preis haben.

ORAC-WERTE

Die mit wundersamen gesundheitsfördernden Wirkungen angepriesenen Superfoods werden jedoch immer öfter gar nicht mehr als Beeren, Früchte oder Samen aus exotischen Anbaugebieten zu uns transportiert und verzehrt, sondern meist als getrocknetes Pulver oder Extrakt angeboten. Denn amerikanische Wissenschaftler haben in In-vitro-Studien herausgefunden, dass je höher der ORAC-Wert (Oxygen-Radical-Absorbance-Capacity-Wert) eines Lebensmittels ist, umso höher die antioxidative Eigenschaft des Produkts. Was den meisten gesundheitsbewussten Menschen dabei allerdings entgeht, ist die Tatsache, dass es sich bei diesen Angaben um reine Laborwerte handelt und diese sich immer auf 100 g beziehen. Der hohe Wert der Exoten Acai- (etwa 40.000 mikromol TE/100 g) und Gojibeeren (25.000 mikromol TE/100 g) relativiert sich dann auch recht schnell, sobald man einmal einen Teelöffel davon ins Müsli oder in den Smoothie gegeben hat. Denn ein Teelöffel macht gerade mal 2 g aus, was den ORAC-Wert auf 800 bzw. 500 reduziert.

Zum Vergleich: Von unseren heimischen Beeren, von denen ich zur Saison schon gerne einmal ein ganzes Schälchen (also zwischen 125 und 200 g) genieße, entsprechen 100 g Himbeeren etwa 5.000 Einheiten und Blaubeeren sogar 10.000 Einheiten. Im Übrigen bleiben bei den ORAC-Labormessungen, die nichts über die Wirkung im menschlichen Körper aussagen, viele andere Faktoren völlig unberücksichtigt, beispielsweise, welche Nahrung man sonst noch konsumiert, sowie individuelle Gewohnheiten wie Bewegung, Schlaf, Rauchen etc.

Kritiker vermuten hinter der massiven Werbung und der enormen Wucht, mit der ORAC-Werte publiziert und die entsprechenden Lebensmittel vermarktet werden, eine langfristige Strategie der Lebensmittel-Konzerne. In Amerika ist die Deklaration des ORAC-Werts auf der Verpackung von Nahrungsmittel längst in Planung. Einmal etabliert, könnten schon bald minderwertige Nahrungsmitteln durch minimale Zugabe einiger „Pülverchen" mit hohem ORAC-Wert zu gesunden Verkaufsschlagern mutieren – und damit endgültig von der aktuellen, stetig wachsenden Gen-Problematik ablenken.

HEIMISCHES SUPERFOOD

Wer sich abwechslungsreich, ausgewogen und regional ernährt, braucht keine exotischen Superfoods, die meist stark verarbeitet sind und deren hoher Preis nicht gerechtfertigt ist, da ihre gesundheitsfördernden Wirkungen unbewiesen sind. Zudem konnten in Untersuchungen überhöhte Rückstände an Pestiziden nachgewiesen werden sowie ein hoher Gehalt an Schadstoffen, wie Blei, Cadmium und Mineralöle.
Für mich sind Obst und Gemüse, die natürlich gewachsen und ohne Gift gereift sind, dabei möglichst aus unserer Region oder zumindest aus unserem Kulturkreis stammen, die wahren Superfoods. Denn damit essen wir zumindest überwiegend das, was gerade Erntezeit hat und keine weiten Transportwege braucht. Und ich bin fest davon überzeugt, dass diese Lebensmittel für meinen Körper auch das Beste sind und mich mit allen erforderlichen Vitaminen, Mineralstoffen und Spurenelementen versorgen.

SPEZIALITÄTEN
der veganen Küche

Im Lauf der Zeit habe ich viele Lebensmittel kennengelernt, die in unserer gut-bürgerlichen Küche eher unbekannt sind. Durch ihr würziges Aroma oder ihren einzigartigen Geschmack geben diese gesunden Spezialitäten veganen Speisen das besondere Etwas.

KALA NAMAK (SCHWARZSALZ)

Ein spezielles indisches Steinsalz. In Bio-Qualität ist es weder raffiniert noch enthält es Trennmittel, Jod oder andere chemische Zusätze. Sein typischer schwefeliger Geruch und Geschmack ist auf den hohen Anteil an Schwefelwasserstoff und Eisen zurückzuführen. Es eignet sich daher bestens für Speisen, die klassisch mit Ei zubereitet werden (siehe Seite 41).

GOMASIO

Eine traditionelle makrobiotische Würzmischung aus Sesamsamen und Meersalz. Der ungeschälte Sesam wird ohne Fett in einer schweren Pfanne mit Meersalz in 4–5 Minuten leicht braun geröstet. Darauf achten, dass die Hitze nicht zu stark ist und die Sesamkörnchen anfangen zu springen und schwarz werden. Das Verhältnis Sesam zu Meersalz ist klassisch 4:1, ich empfehle 8:1 oder noch weniger Salz. Nach dem Rösten die Mischung im Mörser zerstoßen und in ein Schraubglas füllen. Gesund und köstlich, insbesondere über Salaten.

TAMARI

Die eiweißreiche Sojasauce wird nach traditionellen Rezepturen aus vermahlenen Sojabohnen hergestellt. Diese werden vorher mit einer speziellen Schimmelpilzkultur angereichert, die einen 2- bis 3-jährigen Fermentationsprozess in Gang setzt. In Bio-Qualität wird Tamari noch ähnlich hergestellt wie die traditionelle Sauce. Sie enthält außer Sojabohnen nur Meersalz und ist sehr vitamin- und mineralstoffreich. Ideal zum Würzen von asiatischen Reis- und Nudelgerichten, Suppen und Saucen.

MISO

Eiweißreiche, fermentierte Sojabohnenpaste von cremiger bis fester Konsistenz. Für die Herstellung werden gekochte Sojabohnen mit Reis (Genmai-Miso) oder Gerste (Mugi-Miso) und Meersalz vermischt und mit Pilzkulturen (Aspergillus oryzae) einem 1- bis 2-jährigen Fermentationsprozess unterzogen. Im Fernen Osten sind seine kulinarischen Vorzüge und gesundheitsfördernde Wirkung seit über tausend Jahren bekannt. Nach dem Atombombenabwurf Ende des Zweiten Weltkrieges wurden in japanischen Klöstern in der Umgebung von Hiroshima und Nagasaki, in denen Miso auf dem täglichen Speiseplan stand, signifikant weniger Krebsfälle dokumentiert als in der Gesamtbevölkerung. Miso schmeckt aromatisch und eignet sich besonders für schnelle gesunde Suppen.

KICHERERBSENMEHL

Kichererbsen sind Hülsenfrüchte, die viel Eiweiß enthalten, darüber hinaus die Vitamine A, B1 und B2 sowie Niacin und Mineralstoffe. Sie sind die klassische Zutat für viele arabische Gerichte, z.B. Hummus. Kichererbsenmehl ist ideal für Bratlinge, Pfannkuchen und Omeletts.

KOKOSMEHL

Das aus der Kokosnuss hergestellte Mehl ist cholesterin- und glutenfrei. Es eignet sich hervorragend für Teige und Süßspeisen, z.B. Crème Brûlée.

LUPINENMEHL

Die Samen der heimischen Süßlupinen haben mit etwa 40% einen sehr hohen Eiweißgehalt und wurden schon vor Jahren als Alternative zu Soja gefeiert. Bedauerlicherweise spielen sie auch im Bio-Fachhandel derzeit noch eine Außenseiter-Rolle. Lupinen haben weniger Fett als Soja, enthalten einfache und mehrfach ungesättigte Fettsäuren und sind glutenfrei. Ich verwende das Mehl gerne für Bratlinge und Teiggerichte aus der Pfanne.

CASHEWKERNE

Die Früchte des ursprünglich aus Südamerika stammenden Cashewbaumes, die heute überwiegend aus Indien, Afrika und USA importiert werden, sind reich an essenziellen Aminosäuren, Vitamin B1, B2 und E. Beliebt sind sie wegen ihres aromatischen Geschmacks und hohen Magnesiumgehalts, der bei Stress und Verspannung hilft. Aus Cashewkernen lässt sich ein hervorragender pflanzlicher Parmesan herstellen: Die Kerne im Mixer oder in der Nussmühle mahlen, bei Bedarf mit etwas Kräutersalz und eventuell Hefeflocken vermischen. Aus den Kernen wird auch ein Mus hergestellt, das sich z. B. gut für Omeletts und Tofuhrei (siehe Seite 41) eignet.

BIO-MANDELSCHLAGCREME

Die schneeweiße Creme mit mascarponeähnlicher Konsistenz und angenehm leichter Mandelnote wird durch Aufschlagen wunderbar cremig. Ideal für Müslis, Süßspeisen, cremige Desserts oder pikante Dips. Sie ist die optimale Alternative zu ähnlichen Sojaprodukten. Neben Mandeln und Wasser enthält sie nur Kokosöl, Apfeldicksaft und Agar-Agar aus zertifiziertem Bio-Anbau. Leider ist sie derzeit nur über gut sortierte Biofachgeschäfte oder online von einer Schweizer Bio-Manufaktur erhältlich.

SEITAN

Ein Weizen-Eiweißkonzentrat, das durch Auswaschen der Stärke aus Weizen gewonnen wird. Die Herstellung des Extrakts erfolgt ohne chemische Verfahren und ohne Zusätze. Wer keine Probleme mit Gluten hat, für den ist Seitan als gebratene Beilage eine gute Alternative zu Sojaprodukten.

CHORIZO

Bei der aus Seitan (Weizeneiweiß) hergestellten veganen Chorizo entstehen, im Gegensatz zum tierischen Original, nicht Leid, sondern neue Bio-Anbauflächen. Sie sieht zwar aus wie Würstchen, hat aber einen ganz eigenen, sehr würzig-pflanzlichen Geschmack.

FRÜHSTÜCK
Süß & pikant

FRISCHES OBST UND KERNIGES GETREIDE ZUM TAGESBEGINN VERSORGEN UNS NICHT NUR MIT NAHEZU ALLEN VITALSTOFFEN, SONDERN BRINGEN AUCH GUTE LAUNE. WER ES EHER DEFTIGER MAG, FINDET HIER AUCH EINIGE PIKANTE ALTERNATIVEN, Z. B. ZUM KLASSISCHEN RÜHREI.

BIRCHER-MÜSLI
der Klassiker

Zutaten für 2 Portionen

150 g feine Vollkornhaferflocken (möglichst frisch geflockt)

125 ml Mandel- oder Hafermilch

125 g Hafersahne

50 g Haselnüsse

2 mittelgroße Bio-Äpfel

1–2 EL Ahornsirup

Zeitbedarf
- 10 Minuten

So geht's

1. Die feinen Vollkornhaferflocken in einer Schale mit Mandel- oder Hafermilch und Hafersahne verrühren. Die Haselnüsse klein hacken und dazugeben.

2. Die Äpfel waschen. Aus einem Apfel 6–8 dünne Segmente herausschneiden und beiseitelegen. Die Äpfel mit Kerngehäuse fein raspeln und unter die Haferflocken mischen. Mit Ahornhornsirup abschmecken.

3. Das Müsli auf 2 Schälchen verteilen und mit den Apfelscheiben garnieren.

BIRCHER-MÜSLI
de luxe

Zutaten für 2 Portionen

100 g feine Vollkornhaferflocken

125 ml Mandel- oder Hafermilch

125 g Hafersahne

50 g Haselnüsse

2 mittelgroße Bio-Äpfel

1 Banane

100 g Bio-Crunchy

1–2 EL Ahornsirup

1 Prise Zimt

1 Prise Vanillepulver

Zeitbedarf
- 10 Minuten
- evtl. 12 Stunden quellen

So geht's

1. Die Vollkornhaferflocken (möglichst frisch geflockt) in einer Schale mit Mandel- oder Hafermilch und Hafersahne verrühren. Die Haselnüsse klein hacken und dazugeben.

2. Die Äpfel waschen, mit Kerngehäuse fein raspeln und unter die Haferflocken mischen. Die Banane in Scheiben schneiden. Ein paar Scheiben zum Garnieren beiseitelegen, den Rest untermischen.

3. Das Crunchy dazugeben, mit Ahornhornsirup, Zimt und Vanille abschmecken. Das Müsli auf 2 Schälchen verteilen und mit Bananenscheiben garnieren.

BIRCHER-MÜSLI

Der Schweizer Arzt und Ernährungsforscher Dr. Oskar Bircher-Benner hat es bereits Anfang des letzten Jahrhunderts als reines Rohkost-Müsli entwickelt. Besonders wichtig war ihm auch, Äpfel mit Schale und Kerngehäuse zu raspeln, da in mehreren Studien eine gesundheitsfördernde Wirkung nachgewiesen werden konnte. Heute würde er sein Müsli sicher frisch geflockt und vegan zubereiten. Um die Verträglichkeit des „rohen Breis" zu erhöhen, empfahl Bircher-Benner seinen teilweise schwer kranken Patienten die Haferflocken bis zu 12 Stunden quellen zu lassen, wodurch sie auch die typische breiähnliche Konsistenz bekommen. Mir schmeckt es am besten, wenn die Flocken nicht zu lange oder nur während der Zubereitungszeit quellen.

ORANGE SUNRISE
mit Obst & Mohn

Zutaten für 2 Portionen

- 4 EL Haferflocken (möglichst frisch geflockt)
- 1 EL Leinsamen
- 1 EL Mohn
- 2 EL Haselnüsse
- 5–6 getrocknete Datteln
- 100 ml Pflanzenmilch (vorzugsweise Mandelmilch)
- 1 Apfel
- 1 Banane
- 1 Orange
- 1 EL Pinienkerne zum Garnieren

Zeitbedarf
- 15 Minute

So geht's

1. Die Haferflocken in eine Schale geben. Den Leinsamen und den Mohn in einer Mohnmühle mittelfein mahlen und zu den Haferflocken geben.

2. Die Haselnüsse mit den Datteln und der Pflanzenmilch im Mixer zerkleinern. Die Dattel-Nuss-Milch (sie soll eine mittelflüssige Konsistenz haben) unter die Haferflocken ziehen. Den Apfel waschen und klein schneiden. Die Banane schälen und ebenfalls klein schneiden. Die Orangen waschen, den Ansatz und 2 dünne Scheiben abschneiden. Die restliche Orange schälen und in kleine Stücke schneiden. Das Obst nach Belieben unter das Müsli ziehen oder darübergeben.

3. Das Müsli in Schalen anrichten, mit den Orangenscheiben und den Pinienkernen garnieren.

SO MAG ICH'S
Das klassische Frischkorn-Müsli schmeckt mit frisch gemahlenem Getreide, das noch alle Vitalstoffe enthält, in Kombination mit frischem Obst einfach köstlich. Wer mag, kann auch noch etwas abgeriebene Bio-Zitronenschale dazugeben und den Saft von ½ Zitrone unterziehen. Statt Pflanzenmilch können Sie ersatzweise auch Wasser verwenden.

KERNIGES MÜSLI
mit Feigen

Zutaten für 2 Portionen

100 g Haferflocken (möglichst frisch geflockt)

250 ml Pflanzenmilch

2 EL Cashewkerne

4–5 getrocknete Feigen

¼ TL Vanillepulver

2 EL gehackte Haselnüsse

2 EL gehackte Mandeln

Obst der Saison

Pinienkerne zum Dekorieren

Zeitbedarf
- 10 Minuten

So geht's

1. Die Haferflocken in eine Schale schütten. So viel Pflanzenmilch darüber geben, dass die Flocken bedeckt sind, und quellen lassen.

2. Die restliche Pflanzenmilch in den Mixer geben, mit den Cashewkernen, den grob geschnittenen Feigen und dem Vanillepulver cremig mixen. Die Cashew-Creme unter die Haferflocken ziehen.

3. Die gehackten Haselnüsse und Mandeln untermengen. Das Müsli in 2 Schälchen füllen. Nach Belieben Früchte der Saison waschen, klein schneiden, darüber verteilen und mit Pinienkernen garnieren.

HAFERFLOCKEN

Fast alle Haferflocken, die es zu kaufen gibt, werden heute bei der Herstellung erhitzt, wodurch die hitze- und luftempfindlichen Vitamine zerstört werden. Um die Flocken selber zu quetschen, ist daher ein kleiner Handflocker ideal und sollte in einem ernährungsbewussten Haushalt nicht fehlen. Im wahrsten Sinne des Wortes entstehen damit im Handumdrehen feine oder grobe Haferflocken, die noch alle Vitalstoffe enthalten.

KOKOS-MÜSLI
mit Datteln & Banane

Zutaten für 2 Portionen

100 g Reisflocken

1 Banane

4–5 getrocknete Datteln

250 ml Kokosreismilch

¼ TL Zimt

1–2 Pfirsiche

1–2 EL Kokosflocken

Pistazien zum Garnieren

Zeitbedarf
- 10 Minuten

So geht's

1. Die Reisflocken in eine Schale geben. Die Banane schälen und in Stücke schneiden. Die Datteln grob zerteilen. Die Kokosreismilch im Mixer mit den Bananenstücken, den Datteln und Zimt cremig mixen. Die Milch unter die Reisflocken rühren.

2. Die Pfirsiche waschen, entkernen, klein schneiden und unter das Müsli ziehen. Die Kokosflocken untermengen.

3. Das Kokos-Müsli in 2 Schälchen verteilen. Mit gehackten oder ganzen Pistazien nach Belieben garnieren.

SO SCHMECKT'S AUCH
Ein sehr gehaltvolles Müsli. Wem diese Power aber immer noch nicht reicht, der kann zusätzlich noch Maca-, Weizengras- oder Acai-Pulver dazugeben. Ich verwende diese Superfoods allerdings nur, wenn ich mich mal besonders schlapp fühle oder wenn eine Grippe im Anflug ist.

PORRIDGE
mit Obst

Zutaten für 2 Portionen

250 ml Hafermilch

150 g grobe Haferflocken (möglichst frisch geflockt)

3 EL Rohrohrzucker

2–3 EL Hafersahne

1 Prise Zimt

frisches Obst zum Garnieren

Zeitbedarf
- 10 Minuten

So geht's

1. Die Hafermilch in einem Topf erhitzen. Die groben Haferflocken in die Hafermilch einrühren. Unter ständigem Rühren kurz aufkochen lassen und dann den Topf vom Herd nehmen.

2. Den Porridge mit Rohrohrzucker, Hafersahne und 1 Prise Zimt abschmecken. In Schälchen füllen und mit Obst garnieren.

SO SCHMECKT'S AUCH

Porridge schmeckt vor allem in der kalten Jahreszeit besonders gut zum Frühstück oder auch zwischendurch. Klassisch wird er mit feinen Haferflocken zubereitet, wodurch er eine fast schleimige Konsistenz bekommt. Ich bevorzuge grobe Flocken, da sie nach dem Aufkochen ohnehin sehr schnell weich werden. Wer es sämiger mag, kann noch eine Banane zerdrücken und unterheben. Auch ein geraspelter Apfel schmeckt gut dazu.

REISCREME
mit Chili & Zimt

Zutaten für 2 Portionen

250 ml Mandel- oder Reismilch

1 Tasse Reismehl (100 g)

1 Prise Stein- oder Meersalz

1 Prise Chilipulver

2–3 EL Hafersahne

1–2 EL Ahornsirup

Zimt und frisches Obst zum Garnieren

Zeitbedarf
- 10 Minuten

So geht's

1. Die Mandel- oder Reismilch in einem Topf erhitzen. Das Reismehl (möglichst selbst frisch mahlen oder fertiges Vollreismehl verwenden) in die Mandelmilch einrühren. Unter Rühren kurz aufkochen lassen und vom Herd ziehen. Salz und Chilipulver unterziehen, mit Hafersahne und Ahornsirup abschmecken.

2. Die Reiscreme in Schälchen füllen, mit etwas Zimt bestäuben und nach Belieben mit frischem Obst garnieren.

SO SCHMECKT'S AUCH

Eine klassische Reiscreme – einfach nur gemahlener Reis in Wasser aufgekocht und mit einer Prise Meersalz gewürzt –, wie sie seit Jahrhunderten in vielen japanischen Klöstern serviert wird, schmeckt mir auch gut. Dies hier ist schon die De-luxe-Version. Gut dazu passt auch frisches Apfelmus.

DINKELWAFFELN
mit Mandelcreme

Zutaten für 2 Portionen

Für die Mandelcreme

150 g geschälte Mandeln

250 ml Wasser

1 EL kaltgepresstes Sonnenblumenöl

2 EL Ahornsirup

Für die Waffeln

50 g weiche Pflanzenmargarine

125 g Dinkelmehl Typ 1050

50 g feine Haferflocken

225 ml Pflanzenmilch (vorzugsweise Mandel- oder Hafermilch)

75 ml Hafersahne

1 Päckchen Weinstein-Backpulver

1 EL Kokosmehl

1–2 EL Rohrohrzucker

1 Prise Steinsalz

Kokosfett oder Öl für das Waffeleisen

frische Beeren zum Garnieren

Zeitbedarf
- 20 Minuten
- 3–4 Stunden einweichen

So geht's

1. Für die Creme die geschälten Mandeln in 150 ml Wasser einweichen und mindestens 3–4 Stunden quellen lassen. Verwendet man gehackte Mandeln, verkürzt sich die Einweichzeit auf ca. 1–2 Stunden. Die Mandeln danach mit dem restlichen Wasser, dem Sonnenblumenöl und dem Ahornsirup im Mixer pürieren.

2. Für die Waffeln die Margarine mit Dinkelmehl, Haferflocken, Pflanzenmilch und Hafersahne verrühren, mit Backpulver, Kokosmehl und Rohrohrzucker zu einem glatten Teig schlagen. Mit Salz abschmecken. Den Waffelteig 5–10 Minuten quellen lassen, er sollte danach so dickflüssig sein, dass er sich gerade noch gießen lässt.

3. Das Waffeleisen erhitzen, einfetten und die Waffeln darin knusprig backen. Mit der Mandelcreme auf einem Teller anrichten und mit frischen Beeren der Saison garnieren.

SO SCHMECKT'S AUCH
Alternativ zur selbst gemachten Mandelcreme können Sie auch 300 g Bio-Mandelschlagcreme (Soyana) verwenden und mit einer Gabel gut aufrühren. Sehr lecker schmecken die Waffeln auch mit zusätzlich fein gehackten Nüssen und/oder klein geschnittenen Datteln und Feigen.

BANANA PANCAKE
mit Ahornsirup

Zutaten für 2 Portionen

125 g Dinkelmehl Typ 1050

2 geh. EL Kokosmehl

1 TL Weinstein-Backpulver

2–3 EL Rohrohrzucker

50 ml Mineralwasser mit Kohlensäure

225 ml Pflanzenmilch (vorzugsweise Mandelmilch)

2 Tr. Orange Bio-Aroma

1 Prise Salz

1 Banane

2 EL Kokosfett

2 EL Ahornsirup

frische Früchte der Saison zum Garnieren

Zeitbedarf
• 20 Minuten

So geht's

1. Das Dinkelmehl, Kokosmehl, Backpulver und den Rohrohrzucker in eine Schale geben. Das Mineralwasser dazugießen. Die Mandelmilch nach und nach zugießen und mit dem Handrührgerät klümpchenfrei verquirlen. Zum Schluss das Orangen Bio-Aroma unterziehen und mit einer Prise Salz abschmecken.

2. Die Banane schälen und schräg in dünne Scheiben schneiden. ½ EL Kokosfett in einer Pfanne (oder gleichzeitig in 2 Pfannen) erhitzen.

3. Den Teig nochmals kurz durchschlagen und die Hälfte davon in der Pfanne dünn ausgießen. Die Hälfte der Bananenscheiben gleichmäßig darauf verteilen und mit etwas Teig bedecken.

4. Bei schwacher bis mittlerer Hitze den Pfannkuchen backen, bis der Teig deutlich trocken ist (nach ca. 3 Minuten). Vor dem Wenden, je nach Pfanne, einen weiteren ½ EL Kokosfett dazugeben und den Pfannkuchen auch von der anderen Seite goldbraun backen.

5. Die Pfannkuchen vor dem Servieren mit Ahornsirup und frischen Früchten der Saison garnieren.

SO SCHMECKT'S AUCH
Diese Banana Pancakes erinnern mich an meine ersten Asienreise, auf der ich sie in Katmandu in vielen von Westlern geführten Cafés entdeckt habe. Zwei junge Schweizer waren wohl die ersten. Und ihre Pfannkuchen waren so gut, dass sie schnell kopiert wurden, um Touristen anzulocken: „Today's special: Homemade Banana Pancake". Variieren Sie die Pfannkuchen nach eigenem Geschmack zusätzlich mit Mandelblättchen, Pinienkernen oder Rosinen und würzen sie mit Zimt und/oder Vanille.

OMELETT
mit Champignons

Zutaten für 2 Portionen

- 50 g Lupinenmehl
- 25 g Kichererbsenmehl
- 100 g Seidentofu
- 100 g Hafersahne
- ½ TL Weinstein-Backpulver
- ½ TL Hefeflocken
- ½ TL Kräutersalz
- ½ TL Kala Namak (Schwarzsalz)
- ½ TL Curcuma
- 1 Prise Muskatnuss
- schwarzer Pfeffer aus der Mühle
- 1–2 Champignons
- 1 Zwiebel
- 1 Knoblauchzehe
- 30 g rote Paprikaschote
- 2 EL unraffiniertes Olivenbratöl
- Schnittlauch zum Garnieren

Zeitbedarf
- 20 Minuten

So geht's

1. Das Lupinen- und Kichererbsenmehl in ein hohes Gefäß geben. Den Seidentofu etwas ausdrücken und dazugeben. Hafersahne, Weinstein-Backpulver, Hefeflocken und die Gewürze hinzugeben und alles mit einem Handrührgerät gut verquirlen. Die Konsistenz des Teiges sollte zähflüssig sein.

2. Die Champignons putzen, große Pilze halbieren und in dünne Scheiben schneiden. Die Zwiebel und die Knoblauchzehe schälen und sehr fein schneiden. Die Paprika waschen und in Würfel schneiden.

3. In einer Pfanne das Olivenbratöl erwärmen. Die Pfanne darf nicht zu heiß werden, da sonst das Omelett zu schnell bräunt und beim Umschlagen innen noch nicht gar ist.

4. Das klein geschnittene Gemüse unter den Teig ziehen. Dann die Hälfte des Teiges in die Mitte der Pfanne gießen und mit einem Teigschaber dünn rund ziehen. Bei kleiner Flamme 3–4 Minuten backen, bis die Oberseite trocken ist. Dann vorsichtig mit dem Pfannenwender eine Hälfte umschlagen. Gegebenenfalls noch etwas Öl zugeben.

5. Das Omelett auf einen vorgewärmten Teller gleiten lassen und mit feinen Schnittlauchröllchen garnieren.

SO MAG ICH'S
Dieses leckere Omelett ist ein guter Start ins Wochenende. Ich lege es gerne auf eine rustikale Scheibe Vollkornbrot, die ich mit Sesammus bestreiche und auf die ich zusätzlich noch etwas Meerrettich gebe.

TOFÜHREI
mit Gemüse

Zutaten für 2 Portionen

- 2–3 Frühlingszwiebeln
- 1 Knoblauchzehe
- ½ rote Paprikaschote
- 2 EL unraffiniertes Olivenöl
- 200 g Bio-Tofu natur
- 1 EL Cashewnuss-Mus
- 50 ml Mineralwasser mit Kohlensäure
- ½ TL Curcuma
- ½ TL Kala Namak (Schwarzsalz)
- Pfeffer aus der Mühle
- Schnittlauch, Tomaten und/oder Gurke zum Garnieren

Zeitbedarf
- 20 Minuten

So geht's

1. Die Frühlingszwiebeln waschen und klein schneiden. Die Knoblauchzehe schälen und fein hacken. Die Paprikaschote waschen, putzen und in Würfel schneiden.

2. In einer Pfanne das Olivenöl erhitzen und das klein geschnittene Gemüse darin bei schwacher Hitze dünsten, zwischendurch umrühren.

3. Den Tofu aus der Verpackung nehmen, abtropfen lassen und eventuell etwas ausdrücken. Bei schwacher Hitze mit den Händen über das angedünstete Gemüse bröseln.

4. Das Cashewnuss-Mus in einer Tasse mit Mineralwasser und Curcuma verrühren und über das Toführei gießen. Alle Zutaten gut miteinander vermengen und bei schwacher bis mittlerer Hitze anbraten, bis die Flüssigkeit eingezogen ist und die Masse die Konsistenz von Rührei hat. Mit Kala Namak und Pfeffer aus der Mühle abschmecken.

5. Das Toführei auf 2 Teller verteilen und nach Belieben mit Schnittlauch, Tomaten und/oder Gurkenscheiben garnieren.

SO MAG ICH'S
Toführei schmeckt wie Rührei frisch aus der Pfanne am allerbesten. Mit Meerrettich ist es mein Standard- und zugleich Lieblingsrezept, das je nach Jahreszeit und Geschmack vielfältig variiert werden kann. Wer morgens noch nicht so viel Gemüse mag, lässt es weg und würzt dafür etwas kräftiger, z. B. mit Kräutern der Provence. Wer es noch üppiger und mediterran mag, kann in Scheiben geschnittene schwarze Oliven und getrocknete Tomaten dazugeben.

BAKED BEANS
auf Dinkeltoast

Zutaten für 2 Portionen

- 200 g Azukibohnen
- 500 ml Wasser
- 1 Zwiebel
- 1 Knoblauchzehe
- 1 vegane Chorizo
- 1–2 EL unraffiniertes Olivenöl
- 75 g Bio-Tomatenmark aus dem Glas
- 1 EL Worcestershiresauce
- 1–2 EL Hafersahne
- 1 TL Kräutersalz
- schwarzer Pfeffer aus der Mühle
- 1 kleine Aubergine
- 4 Scheiben Dinkelvollkorntoast
- Tomaten und Petersilie zum Dekorieren

Zeitbedarf
- 15 Minuten
- 12 Stunden einweichen
- 1 Stunde kochen

So geht's

1. Die Azukibohnen waschen und in einer Schale mit Wasser bedeckt über Nacht einweichen. Kürzere bzw. längere Einweichzeiten können durch das Kochen wieder ausgeglichen werden.

2. Danach das Wasser abgießen und die Bohnen gut abspülen. Mit 500 ml Wasser in einem Topf aufkochen und bei mittlerer Hitze etwa 1 Stunde garen.

3. Die Zwiebel und die Knoblauchzehe schälen und klein schneiden. Die Chorizo vierteln und der Länge nach aufschneiden. Das Olivenöl in einer Pfanne erhitzen, die Zwiebel, den Knoblauch und die Chorizo darin 3–4 Minuten andünsten. Dann zu den Bohnen geben. Das Tomatenmark, die Worcestershiresauce und die Hafersahne dazugeben, mit Pfeffer aus der Mühle und Kräutersalz abschmecken. Eventuell noch eine Tasse Wasser zugießen, wenn es nicht flüssig genug ist.

4. Die Aubergine waschen und längs 4 sehr dünne Scheiben abschneiden. In einer Pfanne in Öl von beiden Seiten andünsten.

5. Die Dinkelvollkornscheiben toasten. Auf 2 Teller legen, einen Teil der Bohnen darauf verteilen und die Auberginenscheiben darauflegen. Anschließend den Rest der Bohnen darüber verteilen.

6. Den Dinkeltoast mit geviertelten Tomaten und gehackter Petersilie garnieren.

SO MAG ICH'S

Ein köstlich-pikantes Frühstück, das an ein original „English Breakfast" erinnert. Wenn es die Zeit erlaubt, schmeckt statt Toast natürlich frisches, selbst gebackenes Baguette mit Urkorn (Rezept siehe mein Backbuch) besonders gut. Anstelle der sehr eiweißreichen Azukibohnen, die ich in meiner makrobiotischen Phase kennen und schätzen gelernt habe, können Sie natürlich auch vorgekochte Bio-Kidneybohnen aus dem Glas oder der Dose verwenden.

SELLERIEPASTE
mit Zucchini

Zutaten für 1 Glas (200 ml)

- 100 g Sellerie
- 1 kleine Zwiebel
- 1 kleine Knoblauchzehe
- 50 g Zucchini
- 2 EL unraffiniertes Olivenöl
- ½ TL Kräutersalz
- 25 g gemahlene Haselnüsse
- 1 EL Sesammus
- 1 TL ungeschwefelter Bio-Meerrettich
- 1 TL Ahornsirup
- 1 EL Trüffelöl

Zeitbedarf
- 10 Minuten
- 25 Minuten garen

So geht's

1. Sellerie waschen, putzen und in grobe Stücke schneiden. Über Dampf oder im Salzwasser in etwa 15 Minuten garen.

2. Zwiebel und Knoblauchzehe schälen und klein schneiden. Die Zucchini waschen und in dünne Scheiben schneiden. In einer Pfanne das Olivenöl erhitzen, Zwiebel, Knoblauchzehe und Zucchini darin bei mittlerer Hitze 3–4 Minuten dünsten. Mit Kräutersalz abschmecken.

3. Das gedünstete Gemüse und den Sellerie in ein hohes Gefäß geben. Haselnüsse, Sesammus und Meerrettich dazugeben, mit dem Pürierstab zu einer cremigen Paste pürieren. Ahornsirup und Trüffelöl mit einem Löffel unterziehen und mit Salz abschmecken.

4. Die Paste in ein kleines Glas mit Deckel füllen und bis zum Servieren im Kühlschrank kalt stellen. Sie schmeckt aber auch frisch, noch etwas warm, sehr gut.

MÖHREN-AUFSTRICH
mit Zucchini

Zutaten für 1 Glas (200 ml)

- 75 g Sonnenblumenkerne
- 1 kleine Möhre (ca. 75 g)
- ½ Zucchini (ca. 100 g)
- ½ Zwiebel
- 1 EL Kokosfett
- Saft von ½ Bio-Zitrone
- ½ TL Kräutersalz Italia
- ½ TL Oregano

Zeitbedarf
- 20 Minuten

So geht's

1. Die Sonnenblumenkerne in einer Pfanne bei mittlerer Hitze leicht anrösten. Die Möhre und die Zucchini waschen und klein schneiden. Die Zwiebel schälen und in kleine Würfel schneiden.

2. Das Kokosfett in die Pfanne zu den Sonnenblumenkernen geben und erhitzen. Die Möhre dazugeben und bei mittlerer Hitze 3–4 Minuten dünsten. Dann die Zucchini und die Zwiebel dazugeben, weitere 3–4 Minuten dünsten. Danach etwas abkühlen lassen.

3. Das Gemüse in ein hohes Gefäß geben, den Zitronensaft dazugießen und mit dem Pürierstab fein pürieren. Mit Kräutersalz Italia und Oregano abschmecken.

4. Die Creme in ein kleines Glas mit Deckel füllen und bis zum Servieren in den Kühlschrank stellen.

CHAMPIGNONPASTE
mit Walnüssen

Zutaten für 1 Glas (200 ml)

- 25 g Walnüsse
- 1 TL Rohrohrzucker
- 100 g Champignons
- 1–2 Frühlingszwiebeln (ca. 70 g)
- 1 Knoblauchzehe
- 2 EL rotes Bio-Palmöl
- 1 TL Ahornsirup
- 1–2 Stängel frische Petersilie
- ½ TL Steinsalz
- schwarzer Pfeffer aus der Mühle

Zeitbedarf
- 20 Minuten

So geht's

1. Die Walnüsse hacken. Eine schwere Pfanne erhitzen, die Walnüsse hineingeben, den Rohrohrzucker darüberstreuen und bei schwacher bis mittlerer Hitze unter Rühren 3–4 Minuten karamellisieren lassen.

2. Die Champignons putzen und klein schneiden. Die Frühlingszwiebeln waschen und klein schneiden. Die Knoblauchzehe schälen und fein schneiden. Das Öl in die Pfanne mit den Walnüssen geben und erhitzen. Champignons, Frühlingszwiebeln und Knoblauchzehe dazugeben, bei mittlerer Hitze etwa 5–8 Minuten dünsten. Danach etwas abkühlen lassen.

3. Alle Zutaten in ein hohes Gefäß geben und mit dem Pürierstab pürieren. Den Ahornsirup dazugeben. Die Petersilie waschen, klein schneiden und dazugeben. Gut verrühren, mit Salz und Pfeffer abschmecken. Die Champignonpaste möglichst am selben Tag verzehren.

AVOCADOCREME
mit Meerrettich

Zutaten für 1 Glas (200 ml)

- 2 kleine oder 1 große Bio-Avocado (ca. 160 g)
- 100 g Bio-Mandelschlagrahm (Soyana)
- 1 Knoblauchzehe
- ½ TL ungeschwefelter Bio-Meerrettich
- 1 Tr. Zitrone Bio Aroma
- 1 Tr. Limette Bio-Aroma
- 2 Tr. Orange Bio-Aroma
- 1 EL Bio-Walnussöl
- ½ TL Kräutersalz Italia

Zeitbedarf
- 10 Minuten

So geht's

1. Die Avocado halbieren und entkernen. Das Fruchtfleisch aus der Schale heben und in einer Schale mit einer Gabel zerdrücken. Mit dem Mandelschlagrahm verrühren. Die Knoblauchzehe schälen und dazudrücken. Den Meerrettich dazugeben und glatt rühren.

2. Das Zitrone, Limette und Orange Bio-Aroma auf einen Teelöffel dosieren und mit dem Walnussöl mischen. Darauf achten, nicht mehr als angegeben zu dosieren, da das Aroma sonst zu stark ist.

3. Die Avocadocreme mit Kräutersalz abschmecken. In einem Schälchen anrichten oder in ein kleines Weckglas füllen. Die Creme möglichst am selben Tag verzehren.

SALATE
& Vorspeisen

KNACKIGE ROHKOST UND FRISCHE SALATE SIND LEICHT UND SCHMECKEN ZU JEDER JAHRESZEIT. MIT BRATLINGEN ODER COUSCOUS-TALERN SIND SIE EINE SÄTTIGENDE KLEINE MAHLZEIT, DIE MAN IM WECKGLAS AUCH GUT FÜR UNTERWEGS MITNEHMEN KANN.

AMARETTO-MÖHREN
mit Äpfeln & Mandeln

Zutaten für 2 Portionen

- 3 EL unraffiniertes Sonnenblumenöl
- 1 EL Lemon-Balsam-Essig oder Weißweinessig
- Saft von ½ Limette
- 3 EL Hafersahne
- 1 TL Amaretto
- 1 Prise Zimt
- 1 Prise Koriander
- 2–3 Möhren (ca. 170 g)
- 2 mittelgroße Äpfel
- 2–3 EL Mandeln
- Steinsalz

Zeitbedarf
- 15 Minuten

So geht's

1. In einer Schale das Sonnenblumenöl mit Lemon-Balsam-Essig, dem Saft der ½ Limette und der Hafersahne zu einem glatten Dressing rühren. Statt dem Lemon-Balsam-Essig kann auch handelsüblicher Weißweinessig verwendet werden. Den Amaretto, die Prise Zimt und den Koriander unterziehen.

2. Die Möhren und Äpfel waschen. Aus einem Apfel einige Segmente für die Garnitur herausschneiden. Die restlichen Äpfel und Möhren in grobe Stücke schneiden. Zusammen mit den Mandeln in der Küchenmaschine fein raspeln und die Rohkost unter das Dressing mischen. Nach Bedarf mit Steinsalz abschmecken.

3. Die Rohkost in Schälchen füllen und mit den Apfelscheiben dekorieren.

MÖHREN-ROHKOST
mit Feigen

Zutaten für 2 Portionen

- 3 EL Sonnenblumenöl
- 2 EL Lemon-Balsam-Essig
- 2 EL Hafersahne
- 1 EL Ahornsirup
- Steinsalz
- 2–3 Möhren
- ½ Sellerieknolle
- 1 Apfel
- 3–4 Softfeigen
- 3 EL Aprikosenkerne
- Pinienkerne zum Garnieren

Zeitbedarf
- 15 Minuten

So geht's

1. Das Sonnenblumenöl, den Lemon-Balsam-Essig, die Hafersahne und den Ahornsirup in einer Schale zu einem glatten Dressing verrühren. Nach Belieben mit Salz abschmecken.

2. Die Möhren, die Sellerieknolle und den Apfel waschen, putzen, grob zerkleinern und in der Küchenmaschine fein raspeln. Unter das Dressing mischen. Damit der Sellerie weicher wird, mit der Hand im Dressing durchkneten.

3. Die Softfeigen und Aprikosenkerne klein schneiden und unter die Rohkost mischen. In Salatschälchen füllen und mit Pinienkernen garnieren.

SO SCHMECKT'S AUCH

Die Softfeigen können Sie auch durch normale getrocknete Feigen ersetzen, diese jedoch vorher in etwas Wasser einweichen, damit sie saftiger schmecken. Statt Pinienkernen kann man auch Zedernkerne zum Garnieren nehmen.

SALATE & VORSPEISEN

WALDORFSALAT
mit Trüffelöl

Zutaten für 2 Portionen

3 EL unraffiniertes Sonnenblumenöl

1 EL Lemon-Balsamico-Essig

5 EL Hafersahne

1 TL Ahornsirup

1 EL weißes Trüffelöl

Saft von ½ Limette

½ Sellerieknolle (ca. 170 g)

2 mittelgroße Bio-Äpfel

75 g Walnüsse

Stein- oder Kräutersalz

Orangenscheiben zum Garnieren

Zeitbedarf
- 15 Minuten

So geht's

1. Das Sonnenblumenöl, den Lemon-Balsamico-Essig, die Hafersahne, Ahornsirup, Trüffelöl und Limettensaft in einer Salatschüssel zu einem glatten Dressing verrühren.

2. Die Sellerieknolle waschen und putzen. Die Äpfel waschen, halbieren und das Kerngehäuse entfernen. Sellerie und Äpfel mit der Reibe oder mit dem feinen Aufsatz der Küchenmaschine fein raspeln. Die Walnüsse grob hacken und dazugeben. Mit Salz abschmecken.

3. Sellerie und Äpfel in das Dressing einkneten. Dadurch wird der Sellerie weicher, die Zutaten vermischen sich besser und es entsteht die typische Waldorfsalat-Konsistenz.

4. Den Salat auf Teller oder Schalen verteilen und mit Orangenscheiben oder -filets garnieren.

SO MAG ICH'S

Dieser legendäre Salat schmeckt nicht nur gut, sondern ist eine absolute Power-Rohkost, die für mich zu den regionalen Superfoods zählt! Das Trüffelöl verleiht diesem Waldorfsalat ein ganz besonderes, köstlich-nussiges Aroma. Beim Einkauf darauf achten, dass es möglichst aus zertifiziertem Bio-Anbau stammt, auf alle Fälle zumindest frei von synthetischen Zusatzstoffen ist. Trüffelöl besteht meistens aus Olivenöl, in das weiße Trüffel eingelegt werden. Alternativ kann man auch Walnuss- oder Sesamöl verwenden.

ROTE-BETE-CARPACCIO
mit Wildkräutersalat

Zutaten für 2 Portionen

1 kleine Rote Bete (ca. 150 g)	
3 EL unraffiniertes Olivenöl	
2 EL Aceto balsamico	
1 TL Kräutersalz	
schwarzer Pfeffer aus der Mühle	
½ TL Kümmel	
½ TL Koriander	
100 g gemischter Wildkräutersalat	
2 EL Zedernkerne zum Garnieren	

Zeitbedarf
- 10 Minuten
- 30 Minuten garen
- mind. 30 Minuten marinieren

So geht's

1. Die Rote Bete waschen, halbieren und blanchieren. Die Rote-Bete-Hälften 20–30 Minuten in heißem Wasser ziehen lassen. Sie sind dann innen noch fest und lassen sich gut in sehr dünne Scheiben schneiden.

2. Aus Olivenöl, Aceto balsamico und ca. 4–5 EL Wasser ein glattes Dressing rühren. Mit Salz und Pfeffer aus der Mühle würzen und mit Kümmel und Koriander abschmecken.

3. Die Rote-Bete-Scheiben in das Dressing legen und mindestens 30 Minuten ziehen lassen. Sie können problemlos bis zu 10 Stunden ziehen und schmecken dann umso weicher und würziger.

4. Den Wildkräutersalat waschen und trocken schleudern. Die Rote-Bete-Scheiben aus dem Dressing nehmen und auf zwei großen Tellern auslegen. Die Salatblätter durch das Dressing ziehen und auf der Roten Bete anrichten. Das restliche Dressing über den Salat verteilen. Mit Zedernkernen bestreuen.

DIE POWERKNOLLE
Rote Bete zählt zu unseren gesündesten Gemüsesorten, mit vielen energie- und abwehrstärkenden Vitalstoffen, wie z. B. dem wichtigen Betain, welches das Herzinfarktrisiko reduzieren und den Blutdruck auf natürliche Weise regulieren kann. Bei dieser blanchierten Variante bleibt ein Großteil der Vitalstoffe erhalten. Noch gesünder ist die Rote Bete roh, fein geraspelt. Wer sie kochen möchte, verwendet am besten einen Topf mit Siebeinsatz und gart sie über Wasserdampf.

SALATE & VORSPEISEN

SCHWARZER RETTICH
mit Chia-Samen

Zutaten für 2 Portionen

- 3 EL unraffiniertes Sesamöl
- 2 EL Weißweinessig
- 3 EL Bio-Mandelschlagcreme (ersatzweise Hafersahne)
- etwas abgeriebene Bio-Zitronenschale
- Saft von ½ Bio-Zitrone
- 1 TL Ahornsirup
- 1 TL Kräutersalz
- 2 kleine schwarze Rettiche (ca. 250 g)
- 1 kleine Zucchini (ca. 170 g)
- 1 EL Chia-Samen
- rote Paprikaschote und Petersilie zum Garnieren

Zeitbedarf
- 15 Minuten

So geht's

1. Das Sesamöl in einer Schale mit Weißweinessig und Mandelschlagcreme verrühren. Etwas abgeriebene Bio-Zitronenschale dazugeben. Den Zitronensaft und den Ahornsirup unter das Dressing ziehen. Mit Kräutersalz nach Belieben abschmecken.

2. Die Rettiche und die Zucchini waschen, putzen und mit Schale fein raspeln. Unter das Dressing heben und gut vermischen. Erst kurz vor dem Servieren die Chia-Samen dazugeben und unterziehen. So behalten sie noch leichten Biss und werden nicht zu geleeartig.

3. Die Rohkost auf 2 Schalen verteilen und mit Paprikastreifen und gehackter Petersilie garnieren.

SO MAG ICH'S
Eine wirklich einfache Rohkost, die aber wunderbar schmeckt. Man kann sie natürlich anreichern, z. B. mit frischen Mandarinenstückchen (statt Paprika und Petersilie), mit geriebenem Apfel oder mit klein geschnittener Birne.

ROTE BETE
mit Pistazien

Zutaten für 2 Portionen

- 3 EL unraffiniertes Olivenöl
- 2 EL Aceto balsamico
- 150 ml Hafersahne
- 1 EL Meerrettich
- 1 Rote Bete
- ½ TL Koriander
- 50 g Pistazien
- Kräutersalz

Zeitbedarf
- 15 Minuten

So geht's

1. Das Olivenöl, den Aceto balsamico, die Hafersahne und den Meerrettich in einer Schale zu einem glatten Dressing verrühren.

2. Die Rote Bete waschen, den Strunk entfernen. Die Rote Bete vierteln und in der Küchenmaschine fein raspeln. Unter das Dressing mischen und mit gemahlenem oder gemörsertem Koriander würzen.

3. Die Pistazien entkernen und unter die Rohkost mengen. Nach Belieben mit Kräutersalz abschmecken und in 2 Schalen anrichten.

ROTE BETE
Diese Rohkost gibt viel Power! Denn Rote Bete enthält nicht nur viele Vital- und Mineralstoffe, sondern hat durch ihren Eisengehalt auch eine blutbildende Eigenschaft.

ANTIPASTI VEGANESE
mit Paprika, Fenchel & Möhren

Zutaten für 4 Portionen

- 1 rote Paprikaschote
- 1 grüne Paprikaschote
- 1 Fenchelknolle
- ½ Bund Frühlingszwiebeln
- 1 Knoblauchzehe
- 8 EL unraffiniertes Olivenöl
- 3 EL Wasser
- 5 EL Aceto balsamico
- je 1 EL Oregano, Basilikum, Thymian (frisch oder getr.)
- 1 EL Kräutersalz
- 250 g Möhren
- 6 EL unraffiniertes Sonnenblumenöl
- 3 EL Weißweinessig
- 1–2 Tr. Orange Bio-Aroma
- 1–2 TL Kräutersalz
- je 1 EL Rosmarin und Estragon (frisch oder getr.)
- frische Kräuter zum Garnieren

Zeitbedarf
- 30 Minuten
- 20 Minuten kochen
- 5 Stunden kühlen

So geht's

1. Die Paprikaschoten und den Fenchel waschen, putzen und in mundgerechte längliche Stücke schneiden. Die Frühlingszwiebeln waschen und putzen, die Knoblauchzehe schälen, beides fein schneiden.

2. 2 EL Olivenöl in einem großen flachen Topf erhitzen und das Gemüse (gemischt oder getrennt nebeneinander) darin andünsten. Zugedeckt in ca. 10 Minuten bissfest garen, bei Bedarf etwas Wasser zugeben.

3. Das restliche Olivenöl in eine flache Schale geben, mit Aceto balsamico, Oregano, Basilikum, Thymian und Kräutersalz gut verrühren. Das Gemüse mit der Flüssigkeit in die Marinade legen und damit beträufeln. Zugedeckt am besten über Nacht, aber mindestens 5 Stunden kalt stellen.

4. Die Möhren waschen, putzen und längs in Streifen schneiden. In einem Topf in 2 EL Sonnenblumenöl zugedeckt garen, eventuell etwas Wasser zugeben.

5. Das restliche Sonnenblumenöl in einer flachen Schale mit Weißweinessig, Orange Bio-Aroma, Kräutersalz, Rosmarin und Estragon verrühren. Die Möhren mit der Flüssigkeit in die Marinade legen und damit beträufeln. Zugedeckt ebenfalls mindestens 5 Stunden kalt stellen.

6. Vor dem Servieren die Antipasti mit frischen Kräutern garnieren und auf Tellern anrichten.

SUPERHERBS
Bio-Aromen für die Küche

Ich liebe es, mit frischen Kräutern und Gewürzen zu kochen, aber nicht immer hat man die passenden Zutaten zur Hand. Und nicht jeder hat einen Balkon oder gar den Luxus eines eigenen Gartens. Die in kleinen Töpfen angebotenen Kräuter, wie zum Beispiel Petersilie, Basilikum oder Minze, können eine echte Bereicherung sein, meist ist es ihnen in der Küche jedoch zu warm und das, was gerade gebraucht wird, sieht dann oft nicht mehr ganz so frisch aus.

ÄTHERISCHE ÖLE
Eine gute Alternative bieten hier die Essenzen dieser aromatischen Kräuter und Gewürze, natürliche Aromen, die tropfenweise zum Verfeinern von Speisen und Getränken verwendet werden. Der Vorteil von Bio-Aromen, die mittlerweile auch von Sterneköchen geschätzt werden, liegt zum einen in ihrer unvergleichbaren Intensität und zum anderen in ihrer langen Haltbarkeit. Im Haushalt hält sich ein normales Kräutertöpfchen nicht sonderlich lange und auch in getrockneten Kräutern verflüchtigen sich die duftenden Aromastoffe recht schnell. Die Aromen hingegen lassen sich bis zu drei Jahre aufbewahren, wenn sie nicht zu warm gelagert werden. Dabei bleiben sie frisch wie am ersten Tag. Ein weiterer Vorteil ist die ständige Verfügbarkeit. Unbehandelte Früchte wie etwa Orangen oder Mandarinen gibt es frisch nicht zu jeder Jahreszeit zu kaufen, als Fruchtschalen-Öl sind sie jedoch jederzeit in guter Bio-Qualiät verfügbar. Und das trifft auch auf manche exotischen Gewürze zu, wie etwa die Tonkabohne, die ich gerne als raffinierte Variante statt Vanille für Desserts verwende.
In der Küche sollten ausschließlich als Lebensmittel zugelassene 100 % naturreine Bio-Aromen verwendet werden, die im Bio-Fachhandel, in Apotheken und vielen Internet-Shops erhältlich sind.

TROPFENWEISE HOCHGENUSS
Da die Konzentrate aus der Natur sehr stark sind, reicht bei besonders intensiven Aromen wie Lavendel, Pfefferminze oder Zimt oft schon 1 Tropfen. Um eine Überdosierung zu vermeiden, sollten Sie das Öl daher immer auf einen Löffel tropfen und dann erst unter die Speisen rühren.
Aromen sind naturreine ätherische Öle, die schon seit Jahrtausenden durch die traditionelle Wasserdampf-Destillation aus Kräutern und Gewürzen, Zitrusfrüchten, Blüten und Schoten gewonnen werden. Diese ätherischen Öle werden von unserem Körper bestens vertragen. Auch wenn wir sie nur tropfenweise und sehr verdünnt einsetzen, ist es durch zahlreiche wissenschaftliche Studien belegt, dass sie den Körper bei seiner Arbeit positiv beeinflussen, zum Beispiel durch Aktivierung von Stoffwechselvorgängen und Unterstützung des Immunsystems.

ZITRUS-AROMEN
Diese Aromen werden klassisch durch Kaltpressung der Fruchtschalen hergestellt. Das von mir am häufigsten verwendete Bio-Aroma ist Zitronenöl, das überall dort eingesetzt werden kann, wo geriebene Zitronenschale oder der Saft benötigt wird. Das Zitronen-Aroma ist um ein Vielfaches intensiver, deshalb sind zum Beispiel für ein Müsli, ein Dressing oder für einen Dip 1 bis 2 Tropfen völlig ausreichend. Aber auch andere Zitrus-Aromen wie z.B. Limette, Orange und Mandarine verwende ich sehr gerne für Müsli-Variationen und Desserts. Sehr gut geeignet ist Zitronenöl auch für Gemüse, das schon leicht schlapp, aber trotzdem zu schade zum Wegwerfen ist. Legt man zum Beispiel Möhren in Wasser mit 3 bis 4 Tropfen Zitronen Bio-Aroma, sind sie in nur wenigen Minuten wieder richtig knackig.

SALATE & VORSPEISEN

KRÄUTERSEITLINGE
mit Endiviensalat

Zutaten für 2 Portionen

- 2 EL unraffiniertes Sonnenblumenöl
- 1 EL weißes Mandelmus
- 1 EL Aceto balsamico
- 1 EL Ahornsirup
- 2–3 EL Wasser
- ½ Endiviensalat
- 2 kleine Frühlingszwiebeln
- 125 g Kräuterseitlinge
- 2 EL unraffiniertes Olivenöl
- 2–3 EL Zedernkerne

Zeitbedarf
- 15 Minuten
- 45 Minuten kochen

So geht's

1. Sonnenblumenöl, Mandelmus, Aceto balsamico und Ahornsirup mit 2–3 EL Wasser in einer Salatschüssel zu einem Dressing verrühren.

2. Den Endiviensalat waschen, abtropfen lassen oder trocken schleudern. Die Salatblätter übereinanderlegen und in dünne Streifen schneiden.

3. Die Frühlingszwiebeln waschen und in Ringe schneiden. Die Kräuterseitlinge in kleine Stücke schneiden. In einer Pfanne das Olivenöl erhitzen. Die Zwiebeln und die Kräuterseitlinge darin etwa 3 Minuten andünsten, dabei zwischendurch umrühren. Die Zedernkerne unterrühren und nochmals 3–4 Minuten dünsten.

4. Den Salat mit dem Dressing gut vermischen und auf 2 Salattellern anrichten. Die Kräuterseitlinge mit Zwiebeln und Zedernkernen über dem Salat verteilen.

CHICORÉE
mit Mandarinen

Zutaten für 2 Portionen

- 2 EL unraffiniertes Sonnenblumenöl
- 1 EL Aceto balsamico
- 1 EL Mandelmus
- 1 EL Ahornsirup
- 2–3 EL Wasser
- Steinsalz oder Kräutersalz
- 2 Chicorée
- 1–2 Mandarinen

Zeitbedarf
- 10 Minuten

So geht's

1. Das Sonnenblumenöl in einer Salatschüssel mit dem Aceto balsamico, dem Mandelmus, Ahornsirup und 2–3 EL Wasser zu einem glatten Dressing verrühren. Nach Belieben mit Salz abschmecken.

2. Chicorée waschen und in feine Streifen schneiden. Den Chicorée unter das Dressing ziehen.

3. Die Mandarinen schälen und in kleine Stücke schneiden. Unter den Chicorée mischen. Den Salat in 2 Schalen oder auf Tellern anrichten.

SO MAG ICH'S

Ich liebe Chicorée. Auch wenn der Strunk bitter schmeckt, ist er sehr gesund, daher schneide ich den Chicorée möglichst weit auf und nehme nur am Ende eine dünne Scheibe weg. Am liebsten mag ich ihn mit Sesam-Mus, obwohl das noch eine zusätzliche leicht bittere Note bringt. Diese Variante schmeckt sehr rund und kann auch noch beliebig ergänzt werden, z. B. durch Zitronensaft, gehackte Nüsse und geraspelten Apfel.

SALATE & VORSPEISEN

FENCHEL-SALAT
mit Quinoa & Orange

Zutaten für 2 Portionen

- 100 g rotes Quinoa
- 100 g weißes Quinoa
- 200 ml Wasser
- 1 mittelgroße Fenchelknolle
- 1 Bio-Orange
- 2 EL gehackte Haselnüsse

Für das Dressing

- 2 EL kaltgepresstes Sonnenblumenöl
- 1 EL Aceto balsamico
- 1 EL Orangensenf
- 1 EL Ahornsirup
- 4 EL Wasser
- Steinsalz oder Kräutersalz

Zeitbedarf
- 15 Minuten
- 20 Minuten kochen

So geht's

1. Das rote und weiße Quinoa in einem Topf mit dem Wasser aufkochen. Zugedeckt 10 – 15 Minuten leise köcheln lassen, bis das Quinoa gar ist, aber noch Biss hat.

2. In der Zwischenzeit für das Dressing in einer Salatschale das Sonnenblumenöl, den Aceto balsamico, den Orangensenf und den Ahornsirup mit 4 EL Wasser cremig verrühren. Nach Bedarf mit Salz abschmecken

3. Den Fenchel waschen, putzen, halbieren, in sehr feine Streifen schneiden und in das Dressing geben. Aus der Orange 2 dünne Segmente für die Garnitur herausschneiden. Die restliche Orange schälen und in kleine Stücke schneiden. Mit den gehackten Haselnüssen ebenfalls in das Dressing geben.

4. Das Quinoa dazugeben und alle Zutaten gut vermischen. In Salatschalen anrichten und mit den Orangenscheiben garnieren.

SO SCHMECKT'S AUCH

Mit einem Bratling oder einer Scheibe Brot ist diese Rohkost durch das Quinoa ein vollwertiges und leichtes Hauptgericht. Statt mit Orangen schmeckt es auch sehr gut mit Pfirsich oder Nektarine. Wer keinen Orangensenf zu Hause hat, kann diesen leicht selbst herstellen: einfach 1 – 2 Tropfen Limette Bio-Aroma unter möglichst nicht sehr scharfen Senf rühren.

SALATE & VORSPEISEN

COUSCOUS-TALER
mit Fenchel & Granatapfel

Zutaten für 2 Portionen

- 2 Tassen Couscous (350 g)
- 4 Tassen Wasser (750 ml)
- 1 EL unraffiniertes Sesamöl
- 1 Zwiebel
- 2 EL Hafersahne
- ¼ TL Muskatnuss
- einige Stängel Minze
- ½ TL Kräutermeersalz
- Mehl für die Arbeitsfläche
- Sesamöl zum Braten
- Zitronenscheiben und Minzeblätter zum Dekorieren

Für den Salat

- 2 EL unraffiniertes Olivenöl
- 2 EL Mandelschlagcreme (Soyana) oder Hafersahne
- 2 EL Balsamessig
- ½ TL Koriander
- 1 Tr. Limette Bio-Aroma
- Kräutersalz
- 1 Fenchelknolle
- 2–3 EL Granatapfelkerne

Zeitbedarf
- 30 Minuten

So geht's

1. Das Olivenöl mit der Mandelschlagcreme und dem Balsamessig zu einem glatten Dressing verrühren. Den Koriander möglichst frisch mahlen oder im Mörser zerstoßen und mit dem Limette Bio-Aroma unterrühren. Mit Kräutersalz abschmecken.

2. Die Fenchelknolle waschen, putzen und fein hobeln oder grob raspeln. Den Fenchel unter das Dressing heben.

3. Den Couscous in einem Topf mit kochendem Wasser überbrühen und einige Minuten quellen lassen. Das Sesamöl in einer Pfanne erhitzen. Die Zwiebel schälen, in feine Würfel schneiden und darin glasig dünsten. Die Zwiebelwürfelchen unter den Couscous rühren, die Hafersahne und die geriebene Muskatnuss unterziehen. Die Minzeblättchen fein schneiden und dazugeben. Mit Kräutermeersalz abschmecken.

4. Die Arbeitsfläche mit Mehl bestäuben und die Couscous-Masse darauf etwa 1 cm dick ausdrücken. Eine runde Ausstechform anfeuchten und damit Taler ausstechen.

5. In einer Pfanne 1–2 EL Sesamöl erhitzen und die Couscous-Taler darin von beiden Seiten goldbraun braten.

6. Die Granatapfelkerne unter den Fenchelsalat heben. Den Salat mit den Couscous-Talern auf 2 Tellern anrichten und mit Zitronenscheiben und Minze garnieren.

SO SCHMECKT'S AUCH
Wer kein Limetten Bio-Aroma hat, kann das Salat-Dressing stattdessen auch mit 2 EL Bio-Limettensaft und 1 Prise abgeriebener Limettenschale verfeinern.

SALATE & VORSPEISEN

MÖHRENSTREIFEN
mit Pfirsich & Haselnüssen

Zutaten für 2 Portionen

- 3–4 mittelgroße Möhren
- 2 Pfirsiche
- 2–3 EL Haselnüsse
- 2 EL kalt gepresstes Sesamöl
- 1 EL Aceto balsamico
- 2 EL Hafersahne
- 1 EL Ahornsirup
- 2 EL Wasser
- Kräutersalz

Zeitbedarf
- 10 Minuten

So geht's

1. Die Möhren waschen, putzen und in dünne Streifen schneiden oder fein raspeln. Die nicht zu weichen Pfirsiche waschen. Aus einem Pfirsich 6 dünne Segmente herausschneiden und beiseite legen, den Rest in feine Streifen oder Stücke schneiden. Die Haselnüsse fein hacken.

2. In einer Schale Sesamöl mit Aceto balsamico, Hafersahne, Ahornsirup und 2 EL Wasser zu einem glatten Dressing verrühren. Mit Kräutersalz abschmecken.

3. Die Möhren, Pfirsiche und Haselnüsse in dem Dressing vermengen. In Schälchen füllen und mit Pfirsichscheiben garnieren.

SO SCHMECKT'S AUCH
Eine sommerliche, vitalstoffreiche Rohkost von faszinierender Einfachheit und Klarheit. Wer mag, kann aber z. B. noch 1–2 EL Cranberrys und/oder 1 EL Kokosflocken dazugeben. Als pikante Variante statt Ahornsirup zusätzlich 1 EL Aceto balsamico und 1 TL Meerrettich verwenden.

MÖHREN-SPAGHETTI
mit Pistazien

Zutaten für 2 Portionen

- 50 g Datteln
- 3–4 mittelgroße Möhren
- 100 g Aprikosenkerne
- 3 EL kalt gepresstes Sesamöl
- 1 EL Lemon-Balsamessig
- Saft von 1 Bio-Limette oder Zitrone
- Kräutersalz
- frische Minze zum Garnieren

Zeitbedarf
- 10 Minuten
- evtl. 60 Minuten einweichen
- 15 Minuten ziehen

So geht's

1. Frische Datteln entkernen und in dünne Scheiben schneiden. Getrocknete Datteln (außer sie sind noch nicht ganz durchgetrocknet) vorher in wenig Wasser ca. 1 Stunde einweichen. Die Möhren waschen, putzen und mit dem Spiralschneider zu Spaghetti drehen. Die Aprikosenkerne im Mixer oder in der Nussmühle nicht zu fein mahlen.

2. Sesamöl mit Lemon-Balsamessig und Limettensaft in einer Schale zu einem Dressing verrühren. Mit etwas Kräutersalz abschmecken.

3. Dattelscheiben, Möhren-Spaghetti und gemahlene Aprikosenkerne mit dem Dressing vermischen und abgedeckt etwa 15 Minuten ziehen lassen. In Spaghetti-Tellern anrichten und mit Minze garnieren.

SO SCHMECKT'S AUCH
Für eine herzhafte mediterrane Variante können Sie die Datteln auch durch in Scheiben geschnittene grüne oder schwarze Oliven ersetzen.

SUPPEN
& leichte Snacks

OB ITALIENISCHE MINESTRONE ODER JAPANISCHE MISO-SUPPE: SIE SCHMECKEN NICHT NUR KÖSTLICH, SONDERN WÄRMEN UNS, BESONDERS IN DER KALTEN JAHRESZEIT. UND FEINE SNACKS WIE FALAFEL ODER VEGGIE-BURGER SIND IDEAL FÜR DEN KLEINEN HUNGER ZWISCHENDURCH.

SUPPEN & LEICHTE SNACKS

MINESTRONE
mit Cashew-Parmesan

Zutaten für 2 Portionen

½ Süßkartoffel

1 mittelgroße Möhre

½ Zucchini

½ rote Paprikaschote

1 rote Zwiebel

1–2 Knoblauchzehen

2–3 EL unraffiniertes Olivenöl

1 geh. EL Gemüsebrühe

750 ml Wasser

1 Bio-Tomate

1 Glas (100 g) Bio-Tomatenmark

1 EL Oregano

1 TL Kräutersalz

Pfeffer aus der Mühle

50 g Hörnchen-Nudeln

2–3 Stängel Basilikum

2 EL Cashewkerne

Zeitbedarf
- 15 Minuten
- 35 Minuten kochen

So geht's

1. Die Süßkartoffel und die Möhre waschen, putzen und in kleine Würfel schneiden. Die Zucchini waschen und in kleine Stücke schneiden. Die Paprikaschote waschen, entkernen und in kurze Streifen schneiden. Die Zwiebel und die Knoblauchzehen schälen und klein schneiden.

2. Das Olivenöl in einem großen Topf erhitzen, die Süßkartoffel und die Möhre darin 1–2 Minuten andünsten. Die Zucchini und die Paprikastreifen dazugeben und 2 Minuten mitdünsten. Dann Zwiebel und Knoblauch zugeben und weitere 2 Minuten dünsten, zwischendurch umrühren.

3. Die gekörnte Gemüsebrühe über das Gemüse geben und mit Wasser ablöschen. Die Tomate waschen, in kleine Würfel schneiden und dazugeben. Das Tomatenmark unterrühren. Den Oregano unterziehen, mit Kräutersalz und Pfeffer aus der Mühle abschmecken. Zugedeckt bei schwacher bis mittlerer Hitze 20 Minuten köcheln lassen.

4. Die Nudeln in die Suppe geben, die Basilikumblätter dazugeben und noch ca. 10 Minuten köcheln lassen.

5. Die Cashewkerne im Mixer fein mahlen. Die Suppe in Schälchen oder Teller füllen, mit dem Cashew-Parmesan bestreuen und mit Basilikumblättern dekorieren.

SO SCHMECKT'S MIR
Einfach ein Klassiker unter den Suppen. Ich mag die Minestrone auch sehr gerne mit Sellerie oder Erbsen. Der individuellen Kreativität sind bei diesem italienischen Nationalgericht keine Grenzen gesetzt, weshalb sie fast überall in Italien etwas anders zubereitet wird. Ideal auch zur Resteverwertung!

ROTE-BETE-SUPPE
mit Orange

Zutaten für 2 Portionen

- 1 große Rote Bete (ca. 350 g)
- 2 Kartoffeln
- 1 rote Zwiebel
- 3 EL unraffiniertes Sesamöl
- 1 TL Kräutersalz
- 500 ml Wasser
- 250 g Hafersahne
- 2 TL Wasabi (ersatzweise Meerrettich)
- 3 – 4 Tropfen Orange Bio-Aroma
- Pfeffer aus der Mühle
- Gomasio, gehackte Petersilie oder Bio-Orangenscheiben zum Garnieren

Zeitbedarf
- 15 Minuten
- 25 Minuten kochen

So geht's

1. Die Rote Bete waschen und in kleine Stücke schneiden. Die Kartoffeln unter Wasser bürsten und klein schneiden. Die rote Zwiebel schälen und in Würfel schneiden.

2. In einem großen Topf das Sesamöl erhitzen und darin die Rote Bete, Kartoffeln und Zwiebelwürfel 3 – 4 Minuten andünsten. Nach Geschmack salzen, mit 500 ml Wasser ablöschen und zugedeckt bei schwacher Hitze 20 – 25 Minuten köcheln lassen.

3. Die Hafersahne, den Wasabi oder Meerrettich und das Orange Bio-Aroma unterziehen, mit Salz und Pfeffer abschmecken. Dann mit dem Pürierstab fein pürieren.

4. Die Rote-Bete-Suppe in Schälchen oder Suppenteller füllen und mit frischem Gomasio (siehe Seite 22), gehackter Petersilie und nach Belieben mit dünnen Orangenscheiben garnieren.

SO MAG ICH'S
Ich bin ein absoluter Rote-Bete-Fan und liebe diese Suppe. Besonders in der kalten Jahreszeit gibt sie richtig Power und wärmt gut durch.

KÜRBISSUPPE
mit Süßkartoffel & Apfel

Zutaten für 2 Portionen

1 Zwiebel

1 kleiner Hokkaido (ca. 500 g)

1 kleine Süßkartoffel

1 Apfel

2 EL Kokosfett

1 geh. EL Dinkelmehl Typ 1050

500 ml Wasser

125 g Hafersahne

1 TL Kräutersalz

1 TL Wasabi

1 EL Ahornsirup

Kürbiskern-Öl und Gomasio zum Garnieren

Zeitbedarf
- 15 Minuten
- 25 Minuten kochen

So geht's

1. Die Zwiebel schälen und in kleine Stücke schneiden. Den Hokkaido waschen, putzen, halbieren und die Kerne entfernen. Den Kürbis mit Schale in kleine Stücke schneiden. Die Süßkartoffel und den Apfel waschen, gegebenenfalls schälen und ebenfalls in kleine Stücke schneiden.

2. In einem großen Topf das Kokosfett erhitzen, Zwiebel, Kürbis, Süßkartoffel und Apfel darin andünsten. Nach 2–3 Minuten mit Mehl bestäuben, umrühren und weitere 2–3 Minuten bei mittlerer Hitze dünsten. Mit 500 ml Wasser ablöschen und zugedeckt bei schwacher Hitze 10 Minuten köcheln lassen.

3. Dann die Hafersahne dazugeben und alles mit dem Pürierstab fein pürieren. Mit Kräutersalz, Wasabi und Ahornsirup abschmecken. Zugedeckt bei schwacher Hitze weitere 10 Minuten köcheln lassen.

4. Die Suppe in vorgewärmte Teller füllen. Mit ein paar Tropfen Kürbiskern-Öl beträufeln und mit Gomasio (siehe Seite 22) bestreuen

SO SCHMECKT'S AUCH
Wohl kaum eine Suppe lässt sich auf so unterschiedliche Weise geschmacklich variieren. Durch Zugabe von 1–3 Tropfen Orange Bio-Aroma beispielsweise erhält die Kürbissuppe eine leicht fruchtige, frische Note. Ein ähnlicher Effekt lässt sich auch durch einen Schuss Zitronen- oder Limettensaft erzielen.

SUPPEN & LEICHTE SNACKS

MISO-SUPPE
Grundrezept & Variationen

Zutaten für 2 Portionen

Grundrezept

2 EL Shiro-Miso oder Genmai-Miso

500 ml Wasser

Variante 1

1 Zwiebel

1 Knoblauchzehe

1 EL Sesamöl

Variante 2

1 TL Meerrettich

Variante 3

10 g Wakame Algen

Variante 4

2 EL Vollreismehl

2 EL Sesamöl

1 EL Sojasauce

Variante 5

ca. 80 g feine Reisnudeln

Zeitbedarf
- 10 Minuten

So geht's

Grundrezept: Das Miso in etwas Wasser auflösen. Das restliche Wasser in einem Topf aufkochen, Miso dazugeben und zugedeckt bei schwacher Hitze 2–3 Minuten ziehen lassen.

Variante 1: Zwiebel und Knoblauchzehe schälen, fein würfeln und in Sesamöl andünsten. Das Miso auflösen, dazugeben, mit dem kochendem Wasser aufgießen und ziehen lassen. ww

Variante 2: Unter das Grundrezept 1 gehäuften TL Meerrettich rühren. Dadurch bekommt die Suppe eine natürliche Schärfe.

Variante 3: Die Wakame-Algen dazugeben und in der Suppe ziehen lassen.

Variante 4: Für eine cremige Suppe das Reismehl in Sesamöl gut anschwitzen und die Einbrenne mit etwas Wasser ablöschen. Das aufgelöste Miso und das kochende Wasser dazugeben. Bei Bedarf mit Sojasauce abschmecken.

Variante 5: Die Reisnudeln in der Miso-Suppe gar ziehen lassen.

DER JAPANISCHE KLASSIKER

Kaum eine Suppe lässt sich so schnell und leicht zubereiten wie die japanische Miso-Suppe, ein Klassiker der Makrobiotik, den ich in meiner Studentenzeit kennen und schätzen gelernt habe. Sie schmeckt nicht nur köstlich, sondern ist auch gesund, wärmt, wirkt stärkend und aufbauend – gut bei Erschöpfung und Schwächezuständen. Miso zählt zu den wenigen Lebensmitteln, die auch Vitamin B12 enthalten. Genmai- oder Shiro-Miso ist durch den Reisanteil milder als Hatcho-Miso. Zu Miso siehe auch Seite 22.

PFANNKUCHEN
mit Kräuter-Mandel-Ricotta

Zutaten für 2 Portionen

150 g Buchweizenmehl

1 EL Lupinenmehl

1 TL Weinstein-Backpulver

250 ml Reismilch

1 Frühlingszwiebel

1 Knoblauchzehe

Steinsalz

2–3 EL Sonnenblumenöl

Salatblätter und Gemüsestreifen zum Garnieren

Für den Mandel-Ricotta

150 g geschälte Mandeln

250 ml Wasser

1 EL unraffiniertes Sonnenblumenöl

1 EL Hafersahne

1 Prise Steinsalz

Kräuter der Saison (z. B. Basilikum, Rosmarin, Schnittlauch)

schwarzer Pfeffer aus der Mühle

Zeitbedarf
- 40 Minuten
- 2 Stunden einweichen

So geht's

1. Für die Mandelcreme die Mandeln in 150 ml Wasser mindestens 2 Stunden einweichen. Die Flüssigkeit sollte möglichst vollständig eingezogen sein, anderenfalls das restliche Wasser abgießen.

2. Die Mandeln unter fließendem Wasser abspülen, dann mit dem Pürierstab und 100 ml Wasser fein pürieren. Das Sonnenblumenöl, die Hafersahne und das Salz dazugeben. Die Kräuter waschen, trocken schütteln, fein hacken und darunterziehen. Mit Pfeffer aus der Mühle abschmecken.

3. Für die Pfannkuchen den Buchweizen entweder frisch fein mahlen oder Buchweizenmehl verwenden. In einem hohen Becher mit dem Lupinenmehl, dem Weinstein-Backpulver und der Reismilch verquirlen. Der Teig sollte zähflüssig vom Löffel fließen.

4. Die Frühlingszwiebel putzen und fein schneiden, die Knoblauchzehe schälen und ebenfalls fein schneiden. ⅓ der Zwiebel und der Knoblauchzehe für die Mandelcreme beiseitelegen, den Rest unter den Pfannkuchenteig rühren und mit Salz nach Belieben abschmecken.

5. Den Backofen auf 80 °C vorheizen. In einer Pfanne etwas Öl erhitzen, die Pfannkuchen nacheinander goldbraun backen. Die Menge ergibt, je nach Pfannengröße, 2–4 Stück. Die fertigen Pfannkuchen im Backofen möglichst nur kurz warm halten, sie schmecken frisch aus der Pfanne am besten.

6. Die restliche Frühlingszwiebel und Knoblauchzehe unter den Kräuter-Mandel-Ricotta ziehen und auf die Pfannkuchen streichen. Die Pfannkuchen aufrollen und mit Salatblättern, Möhrenstiften oder anderem frischem Gemüse der Saison anrichten.

TORTILLA
a la española

Zutaten für 2 Portionen

1 große Kartoffel

3–4 EL unraffiniertes Olivenöl

1 Frühlingszwiebel

1 Knoblauchzehe

50 g Kichererbsenmehl

25 g Lupinenmehl

150 ml Mandelmilch

½ TL Kräutersalz

1 gestr. TL Kala Namak (Schwarzsalz)

1 gestr. TL Rosmarin

1 gestr. TL Thymian

½ TL Weinstein-Backpulver

¼ TL abgeriebene Bio-Zitronenschale

Tomaten, Salat und Oliven zum Dekorieren

Zeitbedarf
- 15 Minuten
- 10 Minuten backen

So geht's

1. Die Kartoffel schälen und in dünne Scheiben schneiden. In einer Pfanne mit Deckel 1–2 EL Olivenöl erhitzen und zunächst die Kartoffelscheiben darin 1–2 Minuten anbraten. Zwischendurch wenden.

2. Die Zwiebel und Knoblauchzehe schälen und klein schneiden. Zu den Kartoffeln geben und bei mittlerer Hitze weitere 2–3 Minuten dünsten.

3. Das Kichererbsenmehl, das Lupinenmehl und die Mandelmilch mit dem Handrührgerät verquirlen. Mit Kräutersalz, Kala Namak, Rosmarin und Thymian würzen. Das Backpulver unterziehen und mit abgeriebener Zitronenschale würzen. Die Kartoffeln, Zwiebeln und den Knoblauch aus der Pfanne unter die Kichererbsen-Masse ziehen.

4. Das restliche Öl in 2 Pfannen erhitzen oder die Tortillas nacheinander backen. Die zähflüssige Masse mithilfe eines Teigschabers möglichst dünn auf dem Pfannenboden verteilen. Gleichmäßig von beiden Seiten goldbraun backen.

5. Auf vorgewärmten Tellern anrichten und mit Salatblättern, Tomatenscheiben und Oliven garnieren.

TORTILLA BACKEN

Die Zubereitung erfordert etwas Fingerspitzengefühl, da der Teig nicht ganz so gut zusammenhält. Wichtig ist, die richtige Hitze für die entsprechende Pfanne zu finden. Mir gelingt die Tortilla in einer schweren gusseisernen Pfanne bei schwacher bis mittlerer Hitze auf Gas am besten. Ist die Hitze zu stark, wird sie von unten zu schnell braun, ist dann aber noch nicht durch und fest genug und fällt beim Wenden auseinander. Ich variiere die Tortilla gerne und verwende, was ich gerade habe, z. B. Champignons, rote Paprikaschoten, gewürfelten Seitan und im Sommer jede Menge frische Kräuter.

BYRON BAY WRAP
mit Falafel

Für 2 Wraps

250 g Bio-Kichererbsen (aus dem Glas)

1-2 Knoblauchzehen

1 Zwiebel

1 EL Tahin (Sesammus)

25 g Dinkelmehl Typ 1050

25 g Hartweizengrieß

½ Bund frischer Koriander

1 Prise Muskatnuss

¼ TL Chilipulver

½ TL Meer- oder Steinsalz

½ l Sesamöl

2 Bio-Tortilla-Wraps

1 Tomate

Salatblätter

Zeitbedarf
• 35 Minuten

So geht's

1. Die Kichererbsen in einem Sieb abspülen und gut abtropfen lassen. In ein schmales hohes Gefäß geben.

2. Die Knoblauchzehen und die Zwiebel schälen. Die Knoblauchzehen durch die Presse auf die Kichererbsen drücken. Die Zwiebel fein hacken und zugeben. Tahin, Dinkelmehl und Hartweizengrieß dazugeben. Den Koriander waschen, trocken schütteln, fein schneiden und dazugeben. Mit Muskatnuss und Chilipulver würzen, mit Salz abschmecken.

3. Die Kichererbsen mit dem Pürierstab zu einer mittelfesten Masse pürieren, aus der sich gut Bällchen formen lassen. Sie darf nicht zu weich sein und an den Händen kleben bleiben, aber auch nicht zu fest, sonst platzen die Bällchen auf. Je nach Konsistenz, die durch das Abtropfgewicht der Kichererbsen beeinflusst wird, eventuell etwas Wasser (max. 25 ml) nach und nach zugeben.

4. Das Öl in einer Fritteuse oder einem hohen Topf erhitzen. Es sollte nicht zu heiß werden und keinesfalls anfangen zu qualmen.

5. Mit leicht befeuchteten Händen aus der Kichererbsen-Masse 10–12 kleine, 3–4 cm dicke Bällchen formen. Nacheinander im heißen Öl in 3–4 Minuten goldbraun backen. Den Backofen auf 80 °C vorheizen und die Bällchen bis zum Servieren warm halten.

6. Die Wraps nach Anleitung erwärmen. Die Tomate waschen und in Scheiben oder Stücke schneiden. Salatblätter und Tomaten auf den Wraps verteilen, mit den Falafel füllen und aufrollen. Mit einem Tahini-Dip (Seite 84) anrichten.

SO SCHMECKT'S AUCH
Man kann die Falafel auch mit Pitabrot und Tahini-Dip (siehe Seite 84) oder nur mit Salatblättern und Tomaten anrichten. Wer lieber getrocknete Kichererbsen verwenden möchte: 250 g vorgekochte Kichererbsen (Abtropfgewicht) entsprechen 120 g getrockneten Kichererbsen, die gut mit Wasser bedeckt 10–12 Stunden quellen müssen. Dann das Wasser abgießen und die Kichererbsen in etwas frischem Wasser ca. 30 Minuten garen.

PITABROTE
mit Tahini-Dip

Zutaten für 4 Fladen

250 g Dinkel-Vollkornmehl

½ Päckchen Trockenhefe

150 ml Wasser

2 EL unraffiniertes Sesamöl

½ TL Meer- oder Steinsalz

¼ TL Koriander

1 Prise Zimt

ca. 50 g Sesam- oder Koriandersamen zum Bestreuen

Für den Dip

125 g Tahin (Sesammus)

125 ml Wasser

1–2 Knoblauchzehen

2–3 Stängel Minze

1 EL Zitronensaft

1 Prise Paprikapulver

1 Prise Chilipulver

½ TL Meer- oder Steinsalz

2 Scheiben Bio-Zitrone zum Garnieren

Zeitbedarf
- 25 Minuten
- 30 Minuten ruhen
- 20 Minuten backen

So geht's

1. Das möglichst frisch gemahlene Dinkel-Vollkornmehl in eine Schüssel geben. In die Mittel eine Mulde drücken und darin die Hefe mit etwas lauwarmem Wasser auflösen. Nach und nach das restliche Wasser zugeben und alle Zutaten zu einem mittelfesten Teig verkneten. Den Teig mit der Hand beim Kneten immer nur kurz berühren, damit er nicht kleben bleibt. Mit einem Tuch bedeckt an einem warmen Ort 15–20 Minuten ruhen lassen.

2. 2 Bleche mit Mehl bestäuben. Das Sesamöl, Salz, frisch gemahlenen oder gemörserten Koriander und Zimt zum Teig geben und noch einmal gut durchkneten. Durch das Öl wird er schön glatt und klebt nicht mehr.

3. Den Teig auf der bemehlten Arbeitsplatte vierteln. Die Teigstücke zu Kugeln rollen und zu kuchentellergroßen Fladen ausdrücken. Mit Sesam- oder Koriandersamen bestreuen, dabei die Körner leicht eindrücken. Auf die Bleche legen und nochmals 5–10 Minuten ruhen lassen. Den Backofen auf 220 °C (Umluft 200 °C) vorheizen.

4. Die Teigfladen im vorgeheizten Backofen ca. 20 Minuten backen, bis sie leicht gebräunt sind. Eventuell die Bleche nach der Hälfte der Zeit tauschen.

5. Für den Dip das Sesammus mit Wasser verrühren. Die Knoblauchzehen schälen und durch die Presse dazudrücken. Die Minze waschen, 1–2 Stängel für die Dekoration zur Seite legen. Ca. 1 EL Minze fein hacken und mit Zitronensaft, Paprika- und Chilipulver und Salz unter den Dip rühren.

6. Den Tahini-Dip in 2 kleine Schälchen füllen, mit Minze und Zitronenscheiben dekorieren. Mit dem Pitabrot servieren.

SO SCHMECKT'S AUCH

Als feine Variante passen dazu Falafel (Rezept siehe Seite 83) hervorragend, die auch kalt schmecken und die man gut für unterwegs mitnehmen kann.

VEGGIE-BURGER
mit Kidneybohnen

Zutaten für 2 Burger

225 g Dinkelmehl Typ 1050
½ Päckchen Trockenhefe
125 ml Wasser
25 g Hafersahne
1 EL unraffiniertes Sesamöl
½ TL Salz
ca. 50 g Sesam zum Wälzen

Für die Patties

125 g Kidneybohnen (aus Glas oder Dose)
75 g Seitan
1 kleine rote Zwiebel
1 Knoblauchzehe
2 EL Kichererbsenmehl
1 EL Worcestershiresauce
Steinsalz
1 TL Thymian
1 EL unraffiniertes Bratöl
etwas Ketchup
Salatblätter, Tomaten, eingelegte oder frische Gurken zum Garnieren

Zeitbedarf
- 45 Minuten
- 25 Minuten ruhen
- 25 Minuten backen

So geht's

1. Das Dinkelmehl in eine Schüssel geben, eine Mulde in die Mitte drücken und die Hefe darin in etwas lauwarmem Wasser auflösen. Dann die Hafersahne und nach und nach das restliche Wasser zugeben und kneten, bis sich der Teig vom Schüsselrand löst. Zugedeckt an einem warmen Ort 15–20 Minuten ruhen lassen.

2. Die Kidneybohnen in einem Sieb gut durchspülen. In einer Schüssel mit einem Stampfer zerdrücken. Nicht pürieren, sonst ist die Masse zu fein und hat keinen Biss mehr. Den Seitan durch den Fleischwolf drehen oder pürieren und zu den Kidneybohnen geben.

3. Die Zwiebel und Knoblauchzehe schälen, fein würfeln und unter die Bohnen mischen. Das Kichererbsenmehl und die Worcestershiresauce unterziehen, mit Salz und Thymian würzen. Alles gut miteinander verkneten.

4. Ein Holzbrett mit Mehl bestäuben. Mit angefeuchteten Händen zwei schöne Veggie-Patties formen und auf das Brett legen. Den Backofen auf 220 °C (Umluft 200 °C) vorheizen. Ein Backblech mit Mehl bestäuben. Den Sesam in eine Schale geben.

5. Sesamöl und Salz unter den Teig kneten. Den Teig halbieren und auf der bemehlten Arbeitsfläche zu 2 großen Burgerbrötchen formen. Die Brötchen in Sesam wälzen. Auf das bemehlte Backblech setzen und zugedeckt nochmals ca. 5 Minuten ruhen lassen. Dann im vorgeheizten Ofen auf der mittleren Schiene in 20–25 Minuten goldbraun backen.

6. Das Bratöl in einer Pfanne erhitzen und die Veggie-Patties bei schwacher bis mittlerer Hitze von beiden Seiten knusprig braun braten. Im Sommer kann man sie auch auf den Grill legen.

7. Die Burger-Brötchen aus dem Ofen nehmen, vorsichtig aufschneiden und etwas abkühlen lassen. Beide Seiten mit Ketchup bestreichen, mit Salatblättern und Tomatenscheiben belegen und die Veggie-Patties dazwischenlegen. Mit Gurkenscheiben garnieren.

SUPPEN & LEICHTE SNACKS

PICKERT
eine lippische Spezialität

Zutaten für 2 Portionen

250 g Bio-Kartoffeln

½ Würfel Bio-Frischhefe oder ½ Päckchen Bio-Trockenhefe

125 g Dinkelmehl Typ 1050

125 ml Pflanzenmilch (vorzugsweise Mandelmilch)

125 g Kamut-Vollkornmehl

1–2 EL Rohrohrzucker

75 g Korinthen

2–3 EL Kokosfett oder unraffiniertes Bratöl

Marmelade oder Apfelmus zum Garnieren

Zeitbedarf
- 30 Minuten
- 60 Minuten ruhen

So geht's

1. Die Kartoffeln waschen, bürsten, eventuell schälen und fein reiben. Die Kartoffeln ausdrücken und in eine große Schüssel geben.

2. Die Hefe in einer kleinen Schale mit der Hälfte des Dinkelmehls und etwas lauwarmer Milch auflösen. Zugedeckt etwa 15 Minuten ruhen lassen.

3. Die restliche Milch kurz aufkochen und über die geriebenen Kartoffeln gießen. Nach und nach das restliche Dinkelmehl, Kamut-Vollkornmehl und den Hefeansatz dazugeben und möglichst klümpchenfrei unterrühren. Der Teig sollte zähflüssig sein. Je nach Kartoffelsorte kann die Konsistenz variieren, eventuell mit etwas zusätzlicher Milch oder mit Mehl ausgleichen. Den Rohrohrzucker und die Korinthen untermengen und die Masse etwa 45–60 Minuten bei Zimmertemperatur zugedeckt ruhen lassen. Darauf achten, dass der Teig keinen Zug bekommt.

4. Das Kokosfett oder Bratöl in einer schweren Pfanne erhitzen. Den Teig nochmals gut durchschlagen, esslöffelweise in das heiße Öl geben und bei mittlerer Hitze von beiden Seiten schön braun ausbacken. Die Menge ergibt 8 kleine oder 2 tellergroße Pickert. Den Backofen auf 80 °C (Umluft 60 °C) vorheizen und die fertigen Pickert darin warm halten. Mit Marmelade oder Apfelmus servieren.

DER PICKERT

Er ist das Nationalgericht meiner Wahlheimat Lippe, einem schönen Fleckchen Erde, geografisch das Zonenrandgebiet von Nordrhein-Westfalen zu Niedersachsen, durch das wohl kein Besucher reisen kann, ohne den köstlichen Pickert, eine Kreuzung aus Kartoffelpuffer und Pfannkuchen, probiert zu haben. Ursprünglich wurde er ohne Korinthen gebacken, aber damals wie heute mit reichlich Fett. Vegan genießen bedeutet nicht, auf Tradition verzichten zu müssen. Dass der Pickert auch ohne Ei, Milch und Speck richtig lecker schmecken kann, zeigt diese zeitgemäße, rein pflanzliche Alternative.

HAUPTSPEISEN
für mittags & abends

BEI VOLLWERTIGEN VEGANEN HAUPTGERICHTEN SIND DER KREATIVITÄT UND DEN VARIATIONSMÖGLICHKEITEN KEINE GRENZEN GESETZT. DIE EINZIGE BEDINGUNG, OB THAI-CURRY, RISOTTO, RAVIOLI ODER HIRSE-GRATIN: SIE MÜSSEN UNWIDERSTEHLICH SCHMECKEN!

SELLERIE-PÜREE
mit Couscous-Stäbchen

Zutaten für 2 Portionen

Für das Püree

½ Sellerieknolle (ca. 380 g)

1 Bio-Süßkartoffel (ca. 220 g)

1 TL Kräutersalz

75 ml Pflanzenmilch (vorzugsweise Mandelmilch)

75 g Hafersahne

1 EL weißes Mandelmus

Pfeffer aus der Mühle

¼ TL geriebene Muskatnuss

50 g Walnüsse

25 g Rohrohrzucker

Für die Couscous-Stäbchen

175 g Couscous

525 ml Wasser

1 TL Kräutersalz

1 EL Shiro-Miso (mildes Reis-Miso)

1 Zwiebel

1 Knoblauchzehe

1 TL Kräutersalz

Pfeffer aus der Mühle

etwas geriebene Muskatnuss

ca. 100 g Vollkorn-Semmelbrösel

Kokosfett zum Ausbacken

1 Bio-Zitrone zum Garnieren

Zeitbedarf
- 45 Minuten
- 30 Minuten kochen

So geht's

1. Sellerie putzen, unter fließendem Wasser bürsten und in kleine Stücke schneiden. Die Süßkartoffel ebenfalls bürsten und klein schneiden. Das Gemüse in einem Dampfgarer oder in Salzwasser zugedeckt 20–25 Minuten garen.

2. Für die Stäbchen den Couscous mit Wasser und Kräutersalz aufkochen und zugedeckt bei schwacher Hitze ca. 10 Minuten garen. Das Shiro-Miso im warmen Couscous auflösen.

3. Die Zwiebel und die Knoblauchzehe schälen und fein würfeln. Unter den Couscous mengen, mit Kräutersalz, Pfeffer und Muskatnuss abschmecken.

4. Ein großes Holzbrett mit Semmelbröseln bestreuen und die Couscous-Masse zu 2 Rechtecken (ca. 18 x 9 cm) max. 2 cm dick ausdrücken. Aus den Rechtecken jeweils 6 Stäbchen (9 x 3 cm) schneiden. In Semmelbröseln wenden und mit 2 breiten Messerkanten nachformen. Die Messer zwischendurch immer wieder in ein Gefäß mit kaltem Wasser tauchen, damit die Masse nicht kleben bleibt.

5. Das Süßkartoffel-Sellerie-Püree durch eine Presse drücken oder grob zerstampfen. Die Pflanzenmilch, die Hafersahne und das Mandelmus unterziehen, mit Salz, Pfeffer und Muskatnuss abschmecken. Das Püree warm stellen.

6. In einer Pfanne 1 EL Kokosfett erhitzen und bei mittlerer Hitze die Couscous-Stäbchen darin von beiden Seiten goldbraun backen. Die Walnüsse grob hacken und in einer kleinen Pfanne mit dem Rohrohrzucker bei schwacher Hitze glasieren.

7. Das Süßkartoffel-Püree anrichten und mit Walnüssen bestreuen. Die Couscous-Stäbchen dazulegen und mit Zitronenscheiben garnieren.

ZWIEBELKUCHEN
mit Chorizo

Zutaten für 1 Form (26 cm Ø)

250 g Dinkelvollkornmehl

175 ml Hafermilch

1 EL Bio-Margarine

½ Päckchen Bio-Trockenhefe

2 große Gemüsezwiebeln (ca. 550 g)

3 EL unraffiniertes Olivenöl

40 g Kichererbsenmehl

75 g Hafersahne

1–2 TL gemahlener Kümmel

1 TL Kala Namak (Schwarzsalz)

1 TL Kräutersalz

2 Chorizo (vegane Würstchen)

25 g gemahlene Mandeln

Salat, rote Paprikastreifen, Schnittlauch oder Sprossen zum Garnieren

Zeitbedarf
- 30 Minuten
- 20 Minuten ruhen
- 35 Minuten backen

So geht's

1. Das Dinkelvollkornmehl in eine Schüssel geben, in die Mitte eine Mulde drücken. Etwas Hafermilch hineingießen und die Hefe darin auflösen. Dann die weiche Margarine und nach und nach die restliche Hafermilch dazugeben und unterkneten. Den Teig mit einem Tuch bedecken und 15–20 Minuten an einem warmen Ort ruhen lassen.

2. Die Gemüsezwiebeln schälen und klein schneiden. In einer Pfanne das Olivenöl erhitzen und die Zwiebeln darin bei mittlerer Hitze glasig dünsten. Das Kichererbsenmehl darüberstreuen und mit andünsten. Die Hafersahne unterziehen, mit Kümmel würzen, mit Kala Namak und ½ TL Kräutersalz abschmecken. Die Chorizo der Länge nach vierteln, in Scheiben schneiden und untermengen.

3. Den Backofen auf 220 °C (Umluft 200 °C) vorheizen. Eine Quicheform einfetten. Den Hefeteig mit ½ TL Kräutersalz verkneten und in die Form drücken, dabei einen etwa 2,5 cm hohen Rand formen. Die Zwiebelmasse gleichmäßig auf dem Teig verteilen. Die gemahlenen Mandeln darüberstreuen und im vorgeheizten Backofen auf der unteren Schiene in 30–35 Minuten goldbraun backen.

4. Die Quicheform aus dem Ofen nehmen, den Zwiebelkuchen in Stücke schneiden, mit Salat, roten Paprikastreifen, Schnittlauch oder Sprossen anrichten.

SO SCHMECKT'S AUCH
Der Zwiebelkuchen reicht für 4 Personen als Hauptgericht. Er schmeckt aber auch am nächsten Tag, noch einmal kurz im Ofen aufgebacken, fast genauso gut.

HAUPTSPEISEN

QUICHE MEDITERRAN
mit Gemüse und Oliven

Zutaten für 2 Portionen

125 g Dinkelmehl Typ 1050

125 g Kamut-Vollkornmehl

75 g unraffiniertes Olivenöl

1 geh. TL Steinsalz

75 ml Wasser

Für den Belag

1 kleine Zucchini (ca. 175 g)

2 Möhren (ca. 175 g)

1 rote Spitzpaprika (ca. 125 g)

2 Kartoffeln

1 Bund Frühlingszwiebeln

2 EL unraffiniertes Olivenöl

500 g Hafersahne

1 Knoblauchzehe

100 g Kichererbsenmehl

50 g Maismehl

½ TL Kala Namak (Schwarzsalz)

1 TL Oregano

1 TL Thymian

Kräutersalz

5–8 schwarze Oliven

Basilikum zum Garnieren

Zeitbedarf
- 30 Minuten
- 30 Minuten ruhen
- 40 Minuten backen

So geht's

1. Das Dinkelmehl in einer Schüssel mit Kamut-Vollkornmehl, Öl und Salz zu einem glatten Teig verkneten. Dabei nur so viel Wasser zugeben, dass der Teig glatt ist und nicht klebt. Mit einem Tuch bedecken und für 20–30 Minuten kalt stellen.

2. Die Zucchini waschen, etwa ¼ davon fein raspeln und beiseitestellen. Die restliche Zucchini klein schneiden. Möhren, Paprikaschote und 1 Kartoffel waschen, putzen und in kleine Stücke schneiden. Die Frühlingszwiebeln waschen, putzen und klein schneiden.

3. Das Olivenöl in einer Pfanne erhitzen und die klein geschnittene Zucchini, Möhren, Paprikaschote, Kartoffel und Frühlingszwiebeln darin 3–4 Minuten andünsten. Zwischendurch umrühren.

4. Die Hafersahne in eine große Schale geben. Die Knoblauchzehe schälen und dazudrücken. Kichererbsen- und Maismehl unterziehen, mit Schwarzsalz, Oregano, Thymian und Kräutersalz würzen. Das angedünstete Gemüse dazugeben und alles gut miteinander vermengen. Den Backofen auf 220 °C (Umluft 200 °C) vorheizen.

5. Eine Quiche-Form einfetten und den Teig gleichmäßig in die Form drücken, dabei einen ca. 2 cm hohen Rand formen. Die Gemüsemischung daraufgießen und gleichmäßig verteilen. Die zweite Kartoffel waschen, raspeln und zusammen mit der geraspelten Zucchini darüberstreuen. Mit Oliven garnieren.

6. Die Quiche im vorgeheizten Backofen auf der mittleren Schiene etwa 40 Minuten backen. Mit Basilikumblättern garnieren und anrichten.

PIZZA VERDURE
mit getrockneten Tomaten & Rucola

Zutaten für 2 Pizzen

- 400 g Dinkelmehl Typ 1050
- 1 Päckchen Trockenhefe
- ¼ l lauwarmes Wasser
- 2 EL natives Olivenöl
- 1 gestr. EL Steinsalz

Für den Belag

- 1 Zwiebel
- 1 Knoblauchzehe
- 6–8 Cocktail- oder Strauchtomaten
- ½ grüne Paprikaschote
- 1 kleine Zucchini (ca. 120 g)
- 50 g getrocknete, eingelegte Tomaten
- 200 g Bio-Tomatenmark aus dem Glas
- 50 g Cashewkerne
- je 1 TL Oregano, Basilikum, Thymian
- 50 g schwarze Oliven nach Belieben
- 25 g Rucola

Zeitbedarf
- 30 Minuten
- 30 Minuten ruhen
- 20 Minuten backen

So geht's

1. Das Dinkelmehl in eine Schüssel geben, in die Mitte eine Mulde drücken und darin die Hefe mit etwas lauwarmem Wasser auflösen. Nach und nach das restliche Wasser zugeben und alles zu einem glatten Teig verkneten. Zugedeckt an einem warmen Ort 20–30 Minuten ruhen lassen. Alternativ den Teig zugedeckt für 4–6 Stunden in den Kühlschrank stellen.

2. Die Zwiebel schälen, halbieren und in Scheiben schneiden, die Knoblauchzehe schälen und fein schneiden. Die Tomaten waschen und halbieren. Die Paprikaschote waschen, halbieren, entkernen und in dünne Streifen schneiden. Die Zucchini waschen und in Scheiben schneiden. Die getrockneten Tomaten klein schneiden.

3. 2 Backbleche mit Mehl bestäuben. Den Backofen auf 220 °C (Umluft 200 °C) vorheizen.

4. Olivenöl und Salz unter den Teig kneten. Den Teig halbieren und auf einer bemehlten Arbeitsfläche mit den Händen oder einem Nudelholz zu 2 dünnen Pizzen (ca. 30 cm Ø) formen.

5. Die Pizzaböden auf die Backbleche legen und mit Tomatenmark bestreichen. Die Cashewkerne in der Nussmühle oder im Mixer nicht zu fein mahlen und darüber verteilen. Zuerst die Zucchinischeiben darauflegen und leicht in das Tomatenmark drücken. Dann mit den Paprikastreifen, Tomaten, Zwiebelscheiben, Knoblauch und getrockneten Tomaten sowie nach Belieben mit schwarzen Oliven belegen. Mit Oregano, Basilikum und Thymian würzen.

6. Die Pizzen im vorgeheizten Ofen auf mittlerer Schiene in 15–20 Minuten nacheinander (bei Umluft gleichzeitig) leicht knusprig backen. Den Rucola waschen, trocken schütteln und die dicken Stiele entfernen. Die Pizzen vor dem Servieren mit Rucola belegen.

LASAGNE ANTONELLA
mit Aubergine, Paprika & Zucchini

Zutaten für 4 Portionen

1 kleine Aubergine (ca. 220 g)

1 rote Paprikaschote (ca. 150 g)

1 Zucchini (ca. 170 g)

1 große rote Zwiebel

2 Knoblauchzehen

5 EL unraffiniertes Olivenöl

1 Glas (340 g) Pomodoro cubettato (gewürfelte Tomaten)

Kräutersalz

200 g Seitan

130 g Bio-Tomatenmark

je 1 TL Oregano und Basilikum

½ TL Rosmarin

Pfeffer aus der Mühle

½ TL Paprikapulver

250 g Dinkel-Lasagneblätter

100 g gemahlene Cashewkerne

1 Kartoffel

Für die Bechamel-Sauce

50 g ungehärtete Margarine

50 g Dinkelmehl

400 ml Dinkelmilch

1 Prise Muskatnuss

Kräutersalz, Pfeffer

Zeitbedarf
- 50 Minuten
- 30 Minuten backen

So geht's

1. Die Aubergine, Paprikaschote und Zucchini waschen, putzen und in Würfel schneiden. Die Zwiebel und die Knoblauchzehen schälen und klein schneiden. 4 EL Olivenöl in einem Topf erhitzen und darin zuerst Zwiebel und Knoblauch anbraten. Die Aubergine dazugeben und mitbraten, danach die Paprikawürfel und zum Schluss die Zucchini. Pomodoro cubettato dazugeben, mit Kräutersalz würzen und zugedeckt 8–10 Minuten dünsten. Das Gemüse sollte bissfest sein.

2. Den Seitan durch den Fleischwolf drehen oder in sehr feine Stückchen schneiden. Seitan und Tomatenmark unter das Gemüse mengen, mit 100 ml Wasser ablöschen und mit Oregano, Basilikum, Rosmarin, Salz, Pfeffer aus der Mühle und Paprikapulver abschmecken.

3. Für die Bechamel-Sauce die Margarine in einem Topf erhitzen. Das Mehl mit dem Schneebesen einrühren, die Dinkelmilch portionsweise zugeben und so lange rühren, bis die Sauce schön glatt ist. Mit Muskatnuss, Kräutersalz und Pfeffer aus der Mühle abschmecken.

4. Den Backofen auf 200 °C Umluft vorheizen. Eine Auflaufform mit 1 EL Olivenöl einfetten und den Boden mit einer Lage Lasagneblättern auslegen. Dann ⅓ der Gemüsesauce darauf verteilen. ¼ der Bechamel-Sauce darüberstreichen und mit 2 EL gemahlenen Cashewkernen bestreuen. Dann wieder eine Lage Lasagneblätter darauflegen und die beiden nächsten Schichten genauso zubereiten. Als letzte Lage Lasagneblätter mit der restlichen Bechamel-Sauce bestreichen, so dass auch alle Kanten und Ecken gut bedeckt sind.

5. Die Kartoffel schälen, grob raspeln und mit den restlichen Cashewkernen vermengen. Mit einer Gabel auf der Bechamel-Sauce verteilen. Mit Kräutern und Kräutersalz bestreuen, mit Pfeffer würzen. Im vorgeheizten Backofen auf der unteren Schiene 30 Minuten backen.

HAUPTSPEISEN

SPAGHETTI TRICOLORE
mit Möhren & Zucchini

Zutaten für 2 Portionen

1 rote Zwiebel

1 Knoblauchzehe

2 EL unraffiniertes Olivenöl

1 kleine Zucchini (ca. 150 g)

2 mittelgroße Möhren (ca. 125 g)

Kräutersalz

150 g Dinkelvollkorn-Spaghetti

2 EL getrocknete, eingelegte Tomaten

1 EL Pinienkerne

½ TL Oregano

½ TL Basilikum

½ TL Thymian

1 EL Hafersahne

2 EL Cashewkerne

Kräutersalz

1 EL Pistazien

Zeitbedarf
- 30 Minuten
- 10 Minuten kochen

So geht's

1. Die Zwiebel und den Knoblauch schälen und in kleine Würfel schneiden. In einer Pfanne das Olivenöl erhitzen, Zwiebel und Knoblauch darin bei schwacher Hitze anschwitzen.

2. Die Zucchini und die Möhren waschen und mit dem Spiralschneider zu Gemüsespaghetti drehen. In einem Topf Wasser mit Kräutersalz erhitzen und die Dinkelvollkorn-Spaghetti darin in 8–10 Minuten al dente kochen.

3. Die Zucchini- und Möhrenstreifen zu den Zwiebeln in die Pfanne geben und mitdünsten. Die getrockneten Tomaten klein schneiden und ebenfalls dazugeben. Verwendet man nur getrocknete Tomaten, die man vorher in Wasser eingelegt hat, noch etwas Olivenöl zusätzlich dazugeben. Die Pinienkerne untermischen. Die gekochten Spaghetti dazugeben, mit Oregano, Basilikum und Thymian würzen. Die Hafersahne darübergießen und alles gut miteinander verrühren.

4. Die Cashewkerne in der Nussmühle oder im Mixer mit einer Prise Kräutersalz zu „Parmesan" mahlen. Die Pistazien fein hacken und untermengen. Die Spaghetti auf vorgewärmte Teller verteilen und mit dem Cashew-Pistazien-Parmesan bestreuen

SO SCHMECKT'S AUCH

Ein einfaches Rezept, aber sehr lecker und zudem leicht verdaulich! Es schmeckt auch mit Kamut-Spagetti sehr gut. Glutenfrei wird es durch Vollkornreis-Spagetti, die etwas sehr Klares in dieses Gericht bringen.

RISOTTO
mit Champignons

Zutaten für 2 Portionen

1 Tasse Vollkorn-Reis (ca. 170 g)

2 ½ Tassen Wasser

1 TL Kräutersalz Italia

250 g Champignons

1 Zwiebel

1 Knoblauchzehe

3 EL unraffiniertes Olivenbratöl

1 Prise Muskatnuss

100 ml Weißwein

1 TL Trüffelöl

3 EL Haselnüsse

3 EL Cashewkerne

½ TL Hefeflocken

½ rote Paprikaschote

Zeitbedarf
- 45 Minuten

So geht's

1. Den Reis mit Wasser und Salz aufkochen und zugedeckt bei schwacher Hitze 30–35 Minuten garen.

2. Die Champignons putzen und in kleine Stücke schneiden. Die Zwiebel und die Knoblauchzehe schälen und fein schneiden. Das Olivenbratöl in einer Pfanne erhitzen, die Zwiebel und den Knoblauch kurz darin anschwitzen. Die Champignons dazugeben und bei mittlerer Hitze mitdünsten. Dabei nicht zu häufig wenden, sondern erst, wenn die Pilze von einer Seite angebräunt sind. Mit Kräutersalz und geriebener Muskatnuss abschmecken.

3. Den gegarten Reis unter die Pilze mengen. Den Weißwein und das Trüffelöl unterrühren und ca. 5 Minuten bei schwacher Hitze ziehen lassen. Die Haselnüsse fein schneiden und ebenfalls unterziehen.

4. Die Cashewkerne mit den Hefeflocken und gegebenenfalls etwas Kräutersalz in der Nussmühle oder im Mixer zu leicht körnigem „Parmesan" mahlen. Die Paprikaschote waschen, putzen und in dünne Streifen schneiden.

5. Das Risotto auf 2 vorgewärmte Teller verteilen und mit Paprikastreifen garnieren. Mit dem Cashew-Parmesan bestreuen.

SO MAG ICH'S

Gerichte mit Pilzen zählen zu meinen absoluten Lieblingsspeisen, ganz besonders, wenn diese frisch gesammelt aus dem Wald kommen. Dieses Vollkorn-Risotto, das seine besondere Note durch die fein geschnittenen Haselnüsse bekommt, schmeckt auch mit Kräuter-Seitlingen sehr gut!

RAVIOLI
à la sorpresa

Zutaten für 2 Portionen

- 125 g Hartweizengrieß
- 50 g Dinkelmehl (Typ 1050)
- 2 EL unraffiniertes Olivenöl
- 75 ml Wasser
- 1 Prise Steinsalz
- 50 g Cashewkerne
- ½ TL Kräutermeersalz Italia
- evtl. 1 gestr. TL Hefeflocken
- Tomatenscheiben und Basilikum zum Garnieren

Für die Füllung

- 100 g Zucchini
- 1 kleine Zwiebel
- 1 Knoblauchzehe
- 75 g getrocknete, eingelegte Tomaten
- 2 EL unraffiniertes Olivenöl
- 25 g Zartbitter-Kuvertüre
- 1–2 Stängel Pfefferminze
- 1 Msp. Chili
- 1 Prise Steinsalz

Zeitbedarf
- 30 Minuten
- 75 Minuten ruhen

So geht's

1. Hartweizengrieß, Dinkelmehl, Olivenöl, Wasser und Salz zu einem mittelfesten Teig verarbeiten und zugedeckt mindestens 1 Stunde kühl stellen.

2. Für die Füllung die Zucchini waschen und fein raspeln. Zwiebel und Knoblauchzehe schälen und in feine Würfel schneiden. Die eingelegten Tomaten etwas abtropfen lassen und sehr fein schneiden. Verwendet man getrocknete Tomaten, vorher in etwas Wasser einweichen und danach noch 1 EL Olivenöl dazugeben.

3. In einer Pfanne das Olivenöl erhitzen, Zwiebel- und Knoblauch darin anschwitzen. Zucchini und getrocknete Tomaten dazugeben und kurz mitdünsten. Schokolade und gehackte Minze zugeben, mit Chili und Salz abschmecken. Abkühlen lassen.

4. Den Teig auf einer bemehlten Arbeitsfläche zu einem Rechteck (etwa 32 x 20 cm) ausrollen. Mit dem Teigrad in der Länge halbieren. Eine Hälfte beiseitelegen. Auf der anderen Hälfte 12 gleich große Stücke markieren, mit einem Teelöffel jeweils etwas von der Füllung daraufgeben, dabei genügend Abstand zum Rand halten. Das zweite Teigstück noch etwas größer ausrollen und vorsichtig darüberlegen. Der Teig sollte nicht zu dünn sein und die Füllung nicht „durchschimmern", da die Ravioli sonst im Wasser aufgehen könnten.

5. Mit den Fingerkuppen den Teig um die Füllung andrücken, dann mit dem Teigrad trennen. Die Teigränder mit einer Gabel fest zusammendrücken. Die Ravioli vor dem Kochen etwa 15 Minuten trocknen lassen.

6. Die Cashewkerne in der Nussmühle oder im Mixer mit Salz leicht körnig mahlen, bei Bedarf mit Hefeflocken vermischen.

7. In einem großen Topf Salzwasser erhitzen und die Ravioli darin 3–4 Minuten garen. Sie sind fertig, wenn sie an der Oberfläche schwimmen.

8. Etwas Olivenöl in einer Pfanne erwärmen. Die Ravioli abtropfen lassen und vor dem Servieren kurz darin wenden. Auf vorgewärmten Tellern anrichten, mit Cashew-Parmesan bestreuen und mit Tomatenscheiben und Basilikumblättern dekorieren.

Dazu schmeckt ein Wildkräuter-, Rucola- oder auch Feldsalat sehr gut.

SELLERIE-SCHNITZEL
mit Trüffelöl & fein paniert

Zutaten für 2 Portionen

1 kleine Sellerieknolle (ca. 500 g)

100 g Hafer- oder Sojasahne

3 EL Dinkelvollkornmehl

1 EL Kichererbsenmehl

1 EL Lupinenmehl

1 TL Bio-Trüffelöl

1 TL Erdnussmus

Steinsalz

ca. 100 g Vollkornsemmelbrösel

2–3 EL unraffiniertes Sesamöl

1 Bio-Zitrone und Petersilie zum Dekorieren

Zeitbedarf
- 20 Minuten
- 30 Minuten garen

So geht's

1. Die Sellerieknolle waschen, putzen und schälen. In einem Dampfgarer oder in Salzwasser ca. 30 Minuten bissfest garen. Herausnehmen und etwas abkühlen lassen.

2. Die Hafersahne in einer Schüssel mit dem Dinkelvollkornmehl, Kichererbsen- und Lupinenmehl mit dem Schneebesen gut verrühren. Das Trüffelöl dazugeben und das Erdnussmus unterziehen. Mit Steinsalz abschmecken.

3. Die Selleriescheiben in etwa 1 cm dicke Scheiben schneiden. Die Semmelbrösel in einen hohen Teller geben.

4. Die Selleriescheiben nacheinander zuerst in der Sahne-Mehl-Mischung wenden, dann in den Semmelbröseln wälzen. In einer Pfanne 1–2 EL Öl erhitzen und die Selleriescheiben darin portionsweise von beiden Seiten goldbraun backen.

5. Den Backofen auf 80 °C vorheizen und eine Auflaufform hineinstellen. Die fertig gebackenen Selleriescheiben darin bis zum Servieren warm halten. Zum Anrichten mit Zitronenvierteln und Petersilie garnieren.

Dazu passt sehr gut Salat, z. B. mit Wildkräutern oder Rucola.

DIE PANADE
Nach einigen Versuchen ist mir diese Panade mit den drei unterschiedlichen Mehlsorten gelungen. Das Dinkelmehl ist dabei für die gute Haftung verantwortlich, das Kichererbsenmehl simuliert den gewohnten Ei-Geschmack und das Lupinenmehl sorgt für gelbe Farbe. Schmeckt und funktioniert natürlich auch, wenn Sie nur Dinkelmehl verwenden.

HAUPTSPEISEN

KROKETTEN
aus Buchweizen mit Hummus

Zutaten für 2 Portionen

175 g Buchweizen
350 ml Wasser
1 TL Steinsalz
1 Zwiebel
1 EL unraffiniertes Sesamöl
1 EL Sojasauce
50 g Dinkel-Paniermehl
2 EL Sesam
500 ml Öl zum Frittieren

Für den Hummus

150 g Kichererbsen (Glas oder Dose)
50 g Tahin (Sesammus)
1 Knoblauchzehe
2 EL Zitronensaft
100 ml Wasser
1 gestr. TL Steinsalz
1 EL Paprikapulver
1 Prise Chili
1 Prise Cumin
Basilikumblätter zum Garnieren

Zeitbedarf
- 60 Minuten
- 25 Minuten kochen

So geht's

1. Den Buchweizen mit dem Wasser aufkochen. Salzen und bei schwacher Hitze zugedeckt ca. 20 Minuten köcheln lassen, bis er gar ist und das Wasser komplett aufgesogen hat.

2. Für den Hummus die Kichererbsen abtropfen lassen und abspülen. Mit dem Sesammus, der geschälten und durchgepressten Knoblauchzehe, Zitronensaft und Wasser in einen Rührbecher geben und fein pürieren. Mit Salz, Paprikapulver, Chili und Cumin abschmecken. In eine kleine Schale füllen und vor dem Servieren mit Basilikumblättern garnieren.

3. Die Zwiebel schälen und in feine Würfel schneiden. Das Sesamöl in einer Pfanne erhitzen und die Zwiebel darin glasig dünsten. Die Zwiebelwürfel mit der Sojasauce unter den Buchweizen kneten. Aus der Masse kleine Bällchen formen und auf einen bemehlten Teller oder ein Brett legen.

4. In einer Fritteuse oder in einem hohem Topf das Öl erhitzen. Das Paniermehl auf einen flachen Teller geben und mit dem Sesam mischen. Nacheinander die Buchweizen-Bällchen darin wälzen und in dem heißen Fett goldbraun backen.

5. Den Backofen auf 80 °C vorheizen und die Buchweizen-Kroketten darin bis zum Servieren warm halten.

BUCHWEIZEN

Dieses Rezept wurde in meinem ersten Kochbuch „Kostproben aus der Pflanzenküche" 1981 veröffentlicht und im Lauf der Jahre verfeinert. Leicht zuzubereiten und einfach köstlich! Buchweizen zählt in der Makrobiotik zu den Getreidesorten, die am meisten „yang" sind, was so viel bedeutet wie basisch oder geerdet. Seine positiven, stärkenden Eigenschaften sollte man nicht durch minderwertiges Frittier-Öl schmälern.

KARTOFFELPLÄTZCHEN
„Dehli" mit Apfel-Möhren-Chutney

Zutaten für 2–4 Portionen

750 g festkochende Bio-Kartoffeln

3 EL Hafersahne

1 TL indisches Curry

1 TL Cumin

¼ TL Ingwer (frisch gerieben oder getrocknet)

1 Prise Chili

½ TL Steinsalz

2–3 EL unraffiniertes Sesamöl oder Bratöl

Bio-Zitrone, Möhrenstreifen und Petersilie zum Garnieren

Für das Chutney

2–3 säuerliche Bio-Äpfel

1–2 Möhren

1 Zwiebel

2 EL unraffiniertes Sesamöl oder Bratöl

50 ml Apfelessig

4–5 EL Rohrohrzucker

2 TL indisches Curry

Steinsalz

abgeriebene Bio-Zitronenschale

Zeitbedarf
- 20 Minuten
- 30 Minuten kochen

So geht's

1. Für das Chutney die Äpfel waschen und mit Kerngehäuse klein schneiden. Die Möhren waschen, bürsten und in kleine Würfel schneiden. Die Zwiebel schälen und klein schneiden.

2. In einem Topf das Sesamöl erhitzen, die Zwiebeln und die Möhren darin andünsten. Dann die Apfelstücke dazugeben und 3–4 Minuten mitdünsten. Den Essig dazugießen und zugedeckt weitere 4–5 Minuten bei schwacher Hitze garen. Den Rohrohrzucker und das Curry zugeben, mit Salz und abgeriebener Zitronenschale abschmecken.

3. Die Kartoffeln waschen, bürsten und mit Schale im Dampftopf garen. Danach abkühlen lassen und schälen. Frische Bio-Kartoffeln mit dünner Schale, in der sich die meisten Mineralstoffe befinden, brauchen nur gebürstet und nicht geschält werden.

4. Die Kartoffeln in einen Topf geben. Die Hafersahne dazugeben und mit einem Stampfer zerdrücken. Keinen Pürierstab verwenden, da die Masse dann klebrig wird und sich schlecht weiterverarbeiten lässt. Das Currypulver, den möglichst frisch gemahlenen oder gemörserten Cumin, Ingwer und Chili unterziehen. Mit Steinsalz abschmecken.

5. Ein Brett mit Mehl bestäuben. Die Hände befeuchten. Mit einem Esslöffel die Masse abnehmen, daraus etwa 5 cm große und 1 cm dicke Bratlinge formen und auf das bemehlte Brett legen.

6. In einer Pfanne das Öl erhitzen und die Plätzchen portionsweise von beiden Seiten goldbraun braten. Den Backofen auf 80 °C vorheizen. Die fertigen Plätzchen darin warm halten.

7. Die Kartoffelplätzchen mit dem Chutney anrichten, mit Zitronenvierteln, Möhrenstreifen und Petersilie garnieren.

SO MAG ICH'S
Auch dieses Rezept zählt zu meinen Klassikern, die erstmals 1981 in meinen „Kostproben aus der Pflanzenküche" erschienenen sind. Sie schmecken mir immer noch genauso gut wie auf meiner ersten Indienreise, auf der ich diese Plätzchen in Neu-Delhi entdeckt habe. Petersilie gab es damals natürlich nicht dazu, sondern Koriandergrün.

HAUPTSPEISEN

RED THAI-CURRY
mit Paprika, Zucchini & Aubergine

Zutaten für 4 Portionen

250 g Jasmin-Vollkornreis oder weißer Reis

500 ml Wasser

Steinsalz

1 rote Paprikaschote

1 kleine Zucchini

½ Aubergine

1 Möhre

2 rote Zwiebeln

1 Knoblauchzehe

1 TL frischer Ingwer (oder ½ TL getrockneter)

100 g China- oder Spitzkohl

3 EL unraffiniertes Sonnenblumenöl

400 ml Kokosmilch

2–3 Tr. Limette Bio-Aroma oder Saft von ½ Limette

1–2 EL Sojasauce Tamari

2–3 EL Red-Thai-Currypaste

½ Bund Koriandergrün

Zeitbedarf
- 20 Minuten
- 30 Minuten kochen

So geht's

1. Den Reis mit Wasser und ½ bis 1 gestr. TL Salz aufkochen, bei schwacher Hitze zugedeckt je nach Reissorte in ca. 20–30 Minuten garen.

2. Die Paprikaschote, Zucchini, Aubergine und Möhre waschen, putzen und klein schneiden. Die Zwiebeln und die Knoblauchzehe schälen und fein schneiden. Den Ingwer sehr fein schneiden. China- oder Spitzkohl waschen und in Streifen schneiden.

3. Das Sonnenblumenöl in einer großen Pfanne erhitzen und darin zunächst die Möhren 1–2 Minuten andünsten, zwischendurch umrühren. Dann die Paprikaschote, Zucchini, Aubergine, Zwiebeln und Knoblauchzehe dazugeben und mitdünsten. Chinakohl und Ingwer untermengen und zugedeckt 8–10 Minuten bei mittlerer Hitze bissfest dünsten.

4. Die Kokosmilch unter das Gemüse rühren. Das Limetten-Bio-Aroma auf einen Teelöffel dosieren und unterrühren. Die Sojasauce unterziehen und weitere 5 Minuten zugedeckt bei schwacher Hitze ziehen lassen. Red-Thai-Currypaste nach Geschmack unterrühren. Das Koriandergrün waschen, einige Blättchen beiseitelegen. Den Rest fein schneiden und unterziehen.

5. Den Reis in eine kalt ausgespülte Tasse füllen, leicht andrücken und auf den Teller stürzen. Das Curry dazu anrichten und mit Korianderblättchen garnieren.

SO SCHMECKT'S AUCH
Das Gericht lässt sich auf vielfältige Weise durch Gemüse der Saison variieren und auch ergänzen, z. B. mit grob gehackten Cashewkernen, Kokosflocken oder mit mehr oder weniger scharfen Chilischoten.

SESAMKARTOFFELN
mit Currybohnen

Zutaten für 2 Portionen

- 2 EL unraffiniertes Sesamöl
- 500 g Bio-Kartoffeln
- ¼ TL Kräutersalz
- schwarzer Pfeffer aus der Mühle
- 1–2 EL ungeschälter Sesam

Für die Bohnen

- 500 g grünen Bohnen
- 1 Knoblauchzehe
- 1 Zwiebel
- 2 EL unraffiniertes Sesamöl
- 1 TL Kuzu (Stärkemehl)
- 1 Tasse Wasser
- 1 EL Sojasauce Tamari
- 1 EL mildes Curry
- 1 TL Kräutersalz
- 1 TL Wasabi-Paste
- 2 EL Gomasio
- Tomaten und Petersilie zum Garnieren

Zeitbedarf
- 45 Minuten

So geht's

1. Den Backofen auf 190 °C vorheizen. Eine Auflaufform mit 1 EL Sesamöl einfetten.

2. Die Kartoffeln waschen, bürsten und mit Schale vierteln. Die geviertelten Kartoffeln mit der Schale nach unten in die Auflaufform legen. Mit dem restlichen Sesamöl beträufeln. Mit Kräutersalz und Pfeffer aus der Mühle abschmecken, mit Sesam bestreuen. Im vorgeheizten Backofen auf der mittleren Schiene etwa 30 Minuten backen, bis sie leicht gebräunt sind.

3. Die grünen Bohnen waschen, putzen und in kleine Stücke schneiden. Die Knoblauchzehe und die Zwiebel schälen und klein schneiden. In einem Topf das Sesamöl erhitzen und darin Knoblauch und Zwiebel andünsten. Die klein geschnittenen Bohnen dazugeben und unter Rühren mit andünsten.

4. Kuzu in etwas kaltem Wasser anrühren, mit dem restlichen Wasser vermengen und zu den Bohnen gießen. Mit Tamari, Curry, Kräutersalz und Wasabi abschmecken und zugedeckt bei mittlerer Hitze 15–20 Minuten garen. Bei Bedarf etwas Wasser dazugeben, damit die Bohnen nicht anbrennen. Das Gomasio (siehe Seite 22) erst kurz vor dem Servieren unterziehen.

5. Die Kartoffelspalten und die Bohnen auf 2 Tellern anrichten und mit geviertelten Tomaten und Petersilie garnieren.

HAUPTSPEISEN

PAELLA
mit Paprika, Bohnen & Erbsen

Zutaten für 2 Portionen

- 1 Gemüsezwiebel
- 1–2 Knoblauchzehen
- 1 rote Paprikaschote
- 1 gelbe Paprikaschote
- 3–4 EL unraffiniertes Olivenöl
- 200 g Basmati-Reis
- 75 ml Weißwein
- ½ TL Safranfäden
- 1 Bio-Zimtstange
- 500 ml Gemüsebrühe
- 100 g grüne Bohnen
- 100 g Erbsen (frisch oder TK)
- 1 TL süßes Bio-Paprikapulver
- 1 Prise Bio-Nelkenpulver
- 2 Zweige Rosmarin
- 1 Prise Chilipulver
- 1 geh. TL Kräutersalz
- schwarze Oliven, Zitrone und Petersilie zum Dekorieren

Zeitbedarf
- 20 Minuten
- 30 Minuten garen

So geht's

1. Die Gemüsezwiebel und die Knoblauchzehen schälen und klein schneiden. Die Paprikaschoten waschen, entkernen und klein schneiden.

2. Das Olivenöl in einer schweren Pfanne erhitzen, die Knoblauchzehen, Gemüsezwiebel und Paprikaschoten darin bei mittlerer Hitze 2–3 Minuten andünsten. Dann den Reis (vorher nicht waschen, da er sonst zu schnell weich und pappig wird) unterrühren und mitdünsten. Mit Weißwein ablöschen. Die Safranfäden und die Zimtstange dazugeben und mit einem Holzlöffel unterrühren. Mit der Gemüsebrühe ablöschen und 10–15 Minuten bei schwacher Hitze köcheln lassen.

3. Die Bohnen waschen, putzen und klein schneiden. Bohnen und Erbsen unterrühren und weitere 10–15 Minuten mitköcheln. Paprikapulver, Nelkenpulver und Rosmarin dazugeben und unterrühren. Mit Chili nach Belieben würzen und mit Kräutersalz abschmecken.

4. Vor dem Anrichten die Paella mit schwarzen Oliven, Zitronenscheiben und Petersilie garnieren.

SO SCHMECKT'S AUCH

Dieses spanische Nationalgericht wird in allen Regionen des Landes etwas unterschiedlich zubereitet, ähnlich dem italienischen Risotto, allerdings traditionell meistens mit Meeresfrüchten. Wem bei dieser köstlich veganen Variante mit „Landfrüchten" dennoch die Fischnote fehlt, kann mit der Gemüsebrühe einige Algen, z. B. Wakame, aufkochen, ziehen lassen und dann unter die Paella rühren.

NUDELSALAT
mit Gemüse, Oliven & Kapern

Zutaten für 2 Portionen

1 Möhre

1 kleine Zucchini

1 rote Paprikaschote

1 grüne Paprikaschote

½ Bund Frühlingszwiebeln

1–2 Knoblauchzehen

2 Kartoffeln

1–2 EL unraffiniertes Olivenöl

Steinsalz

500 g Fusilli-Nudeln

1 Handvoll schwarze Oliven ohne Kern

2–3 EL Kapernäpfel

Für die Mayonnaise

200 ml Hafersahne

200 g Mandelschlagcreme (ersatzweise Sojajoghurt)

2 EL Aceto balsamico

1 EL Feigensenf

2 El Olivenöl

einige Stängel Basilikum

1–2 Tr. Lemongras-Bio-Aroma

1 TL Oregano

1 TL Thymian

1 TL Meerrettich

1–2 TL Kräutersalz

Zeitbedarf
- 40 Minuten
- 2 Stunden ruhen

So geht's

1. Das Gemüse waschen. Die Möhre und die Zucchini in kleine Würfel schneiden. Die Paprikaschoten entkernen und ebenfalls in kleine Stücke schneiden. Die Knoblauchzehen schälen. Frühlingszwiebeln und Knoblauchzehen klein schneiden.

2. Die Kartoffeln waschen, bürsten und in kleine Würfel schneiden. 1–2 EL Olivenöl in einer großen Pfanne mit Deckel erhitzen und die Kartoffeln und das Gemüse darin 1–2 Minuten andünsten. Zwischendurch umrühren. Den Deckel auflegen und noch 3–4 Minuten weiterdünsten.

3. In einem großen Topf Salzwasser erhitzen und die Nudeln darin 8–10 Minuten al dente garen.

4. Aus Hafersahne, Mandelschlagcreme, Aceto balsamico, Feigensenf und 2 EL Olivenöl mit dem Quirl eine glatte Mayonnaise rühren. Basilikum waschen, trocken schütteln, einige Blätter beiseitelegen. Die restlichen Blätter klein schneiden und zur Mayonnaise geben. Das Lemongras-Bio-Aroma vorsichtig auf den Teelöffel dosieren und unterziehen. Je nach Jahreszeit und Verfügbarkeit die frischen oder getrockneten Kräuter, Meerrettich und Kräutersalz dazugeben und die Mayonnaise nochmals gut durchrühren.

5. Die Nudeln und das Gemüse in eine große Schale geben, die schwarzen Oliven und die Kapernäpfel unterrühren. Die Mayonnaise darübergeben und gut vermengen. Nach Möglichkeit 1–2 Stunden ziehen lassen. Vor dem Servieren nochmals gut durchrühren, mit Basilikumblättern und Oliven dekorieren.

SO SCHMECKT'S AUCH

Nudelsalat ist auch vegan ein Klassiker, insbesondere wenn Gäste kommen und ich kurz vorher nicht in der Küche stehen will. Variiert werden kann nach Herzenslust. Zusätzlich schmecken dazu auch klein geschnittene eingelegte Cornichons, gewürfelter, geräucherter Tofu oder Chorizo (vegane Bio-Würstchen).

GRÜNE GNOCCHI
mit Kürbis-Ratatouille

Zutaten für 2 Portionen

- 300 g Kartoffeln
- 1–2 Frühlingszwiebeln
- 1–2 EL unraffiniertes Olivenbratöl
- 100 g Erbsen (frisch oder TK)
- 1 Bund Rucola
- 3 Stängel Petersilie
- 1 EL Kräutersalz
- 25 g Lupinenmehl
- 2 EL Hafersahne

Für das Ratatouille

- 250 g Hokkaido-Kürbis
- 1 kleine Zucchini
- 1 rote Zwiebel
- 1 Knoblauchzehe
- unraffiniertes Olivenbratöl
- 25 g Kürbiskerne
- 25 g Cranberrys
- 1 TL Kräutersalz
- schwarzer Pfeffer aus der Mühle
- Petersilie zum Garnieren

Zeitbedarf
- 40 Minuten
- 40 Minuten kochen

So geht's

1. Die Kartoffeln waschen und bürsten. In Salzwasser oder im Dampftopf 15–20 Minuten garen. Neue Kartoffeln mit Schale weiterverarbeiten, ältere schälen.

2. Die Frühlingszwiebeln waschen, fein schneiden und in Olivenbratöl dünsten. Frische Erbsen auspalen, dazugeben und zugedeckt bei schwacher Hitze 10–15 Minuten (TK-Erbsen ca. 5 Minuten) garen. In der Zwischenzeit den Rucola und die Petersilie waschen und fein schneiden. Zu den Erbsen geben und 1–2 Minuten mitdünsten.

3. Die Erbsen und die Kräuter mit dem Pürierstab pürieren. Die Kartoffeln dazugeben und mit dem Kartoffelstampfer zerdrücken. Mit Kräutersalz abschmecken und mit Lupinenmehl und Hafersahne abbinden.

4. Die Gnocchi-Masse auf einer bemehlten Arbeitsfläche zu fingerdicken Rollen (ca. 2,5 cm) formen. Die Rollen in ca. 2 cm große Stücke schneiden, ovale Gnocchi formen und mit einer Gabel das typische Muster quer eindrücken.

5. In einer Pfanne das Olivenbratöl erhitzen und die Gnocchi von beiden Seiten anbraten, bis sie gleichmäßig gebräunt sind.

6. Für das Ratatouille den Kürbis und die Zucchini waschen. Den Kürbis vierteln und mit einem Kartoffelschäler feine Scheiben abziehen. Die Zucchini mit dem Spiralschneider zu dünnen Spaghetti drehen.

7. Die Zwiebel schälen, halbieren und in dünne Scheiben schneiden. Die Knoblauchzehe schälen und fein schneiden. In einer Pfanne das Olivenbratöl erhitzen, Zwiebel und Knoblauch darin andünsten. Kürbiskerne und Cranberrys dazugeben. Zum Schluss Kürbis und Zucchini zugeben, nur 2–3 Minuten mitdünsten, damit sie knackig bleiben. Mit Salz und Pfeffer abschmecken.

8. Die Gnocchi und das Ratatouille auf Tellern anrichten und mit gehackter Petersilie garnieren.

HAUPTSPEISEN

HIRSE-GRATIN
mit Brokkoli & Möhren

Zutaten für 4 Portionen

- 200 g Hirse
- 400 ml Wasser
- 1 Prise Kräutersalz
- 500 g Brokkoli
- 2 Möhren
- 1 rote Zwiebel
- 1 Knoblauchzehe
- 2 EL unraffiniertes Sonnenblumenöl
- 200 g Bio-Mandelschlagcreme
- ½ TL Kala Namak (Schwarzsalz)
- ¼ TL geriebene Muskatnuss
- weißer Pfeffer aus der Mühle
- 50 g Mandelstifte
- Salatblätter, Kapuzinerkresse oder Kräuter, Gurkenscheiben und Tomaten zum Garnieren

Zeitbedarf
- 60 Minuten
- 25 Minuten backen

So geht's

1. Die Hirse in dem Wasser mit einer Prise Salz aufkochen und zugedeckt bei schwacher Hitze in 15–20 Minuten garen.

2. Brokkoli waschen und in mundgerechte Stücke schneiden. Die Möhren waschen, gegebenenfalls bürsten und in Scheiben schneiden, größere Möhren vorher vierteln. Die Zwiebel und die Knoblauchzehe schälen und fein schneiden. Das Sonnenblumenöl in einem Topf erhitzen. Zwiebel, Knoblauch, Brokkoli und Möhren darin unter Rühren 3–5 Minuten andünsten.

3. Die Hirse in eine große Schüssel geben, mit der Mandelschlagcreme und dem Gemüse verrühren. Mit Kala Namak, geriebener Muskatnuss und weißem Pfeffer aus der Mühle abschmecken. Den Backofen auf 200 °C Umluft vorheizen.

4. Eine Auflaufform einfetten und die Hirse-Gemüse-Masse einfüllen. Mit Mandelstiften bestreuen und im vorgeheizten Backofen auf der mittleren Schiene 25–30 Minuten backen, bis die Oberfläche schön gebräunt ist. Darauf achten, dass die Mandelstifte nicht zu dunkel werden.

5. Das Gratin auf Tellern mit Salatblättern, Tomatenvierteln und Gurkenscheiben anrichten und mit Kapuzinerkresse oder Kräutern garnieren.

NACHSPEISEN
das süße Finale

DESSERTS WAREN SCHON IMMER EINE HERZENSANGELEGENHEIT – UND DAS SOLLTE AUCH ZU SCHMECKEN SEIN. FEINE CREMES, PARFAITS UND MEHLSPEISEN WERDEN, WENN WIR SIE KREATIV ZUBEREITEN UND DEKORIEREN, ZUR LIEBESERKLÄRUNG AN DIE NATUR.

GRIESS-FLAMMERI
auf Zwetschgenspiegel

Zutaten für 2 Portionen

175 ml Hafer- oder Mandelmilch

50 g Grieß

1 EL Kokosmehl

75 g Bio-Mandelschlagcreme (Soyana)

2 EL Rohrohrzucker

2 Tr. Orangen-Bio-Aroma

Kokosfett für die Förmchen

Für den Zwetschgenspiegel

250 g Zwetschgen

2 EL Rohrohrzucker

½ TL Zimt

Zeitbedarf
- 25 Minuten

So geht's

1. Die Hafer- oder Mandelmilch in einem Topf kurz aufkochen lassen, den Grieß und das Kokosmehl mit dem Schneebesen unterrühren. Bei schwacher Hitze 5 Minuten quellen lassen.

2. Den Topf vom Herd nehmen und die Mandelschlagcreme, den Rohrohrzucker und das Orangen-Bio-Aroma gut unterrühren. 2 Tassen oder Dessertförmchen mit Kokosfett ausstreichen, den Grieß einfüllen und glatt streichen. Zum Abkühlen für mindestens 1 Stunde in den Kühlschrank stellen.

3. Für den Zwetschgenspiegel die Früchte waschen und entkernen. 2 Zwetschgen für die Garnitur beiseitelegen. Die restlichen Zwetschgen in einem Topf aufkochen und bei schwacher Hitze 10–15 Minuten zugedeckt köcheln lassen. Den Rohrohrzucker dazugeben und mit dem Pürierstab fein pürieren.

4. Das warme Zwetschgenpüree auf 2 Teller gießen. Die Grieß-Flammeris aus dem Kühlschrank nehmen und vorsichtig auf den Zwetschgenspiegel stürzen. Mit den Zwetschgen garnieren und mit Zimt bestäuben.

SO SCHMECKT'S AUCH
Außerhalb der Zwetschgen-Saison kann man dieses köstliche Dessert auch mit anderen Früchten, z. B. mit Himbeeren oder gemischten Waldbeeren, genießen. Auch mit pürierten Erdbeeren schmeckt der Grieß-Flammeri ausgezeichnet.

NACHSPEISEN

CRÈME BRÛLÉE
mit Tonkabohne

Zutaten für 4 Portionen

1 Bio-Vanilleschote

3 EL Rohrohrzucker

225 g Hafer- oder Sojasahne

225 g Bio-Seidentofu

1 EL Kokosfett

etwas abgeriebene Bio-Zitronenschale

2 Tr. Tonkabohne Bio-Aroma

2 EL Kokosmehl

1 EL Lupinenmehl

2 EL Rohrohrzucker

Minzeblätter oder Orangenscheiben zum Garnieren

Zeitbedarf
- 20 Minuten
- 2 Stunden kühlen

So geht's

1. Die Bio-Vanilleschote längs aufschlitzen und das Mark mit einem Messerrücken herausschaben. Den Rohrohrzucker in eine kleine Schale geben und mit dem Vanillemark vermengen.

2. Die Hafer- oder Sojasahne in eine Schüssel geben. Den Seidentofu, das Vanillemark, das Kokosfett und etwas abgeriebene Zitronenschale dazugeben. 2 Tropfen Tonkabohnen Bio-Aroma auf einen Teelöffel dosieren und ebenfalls zugeben.

3. Die Zutaten mit einem Handrührgerät gut vermengen. Während des Rührens das Kokosmehl und das Lupinenmehl unterziehen, so dass es keine Klümpchen gibt. Dann die Masse 1–2 Minuten aufschlagen und in einen Topf geben. Unter Rühren aufkochen und bei schwacher Hitze unter Rühren 1–2 Minuten köcheln lassen.

4. Die Creme in 4 kleine, feuerfeste Schälchen füllen. Etwas abkühlen lassen und danach für 1–2 Stunden in den Kühlschrank stellen.

5. Vor dem Servieren die Creme in den Schälchen mit Rohrohrzucker bestreuen und mit dem Bunsenbrenner karamellisieren. Mit Minzeblättern oder mit Orangenscheiben garnieren.

SO MAG ICH'S
Diese Creme schmeckt unwiderstehlich gut und ist, im Vergleich zum Original, schön leicht und auch am Abend gut verträglich. Mit einem guten Brenner gelingt es im Nu, auf die Crème Brûlée eine schöne Karamellkruste zu zaubern.

KAISERSCHMARRN
der Mehlspeisenklassiker

Zutaten für 2 Portionen

75 g Dinkelvollkornmehl

50 g Kamutmehl

1 EL Kokosmehl

200 ml Hafer- oder Mandelmilch

1 TL Weinstein-Backpulver

3 EL Rohrohrzucker

50 ml Mineralwasser mit Kohlensäure

2 EL Korinthen

Kokosfett zum Ausbacken

Zeitbedarf
- 30 Minuten
- 10 Minuten ruhen

So geht's

1. Das Dinkelvollkornmehl mit Kamut- und Kokosmehl in eine Schale geben, die Hafer- oder Mandelmilch klümpchenfrei einrühren. Das Weinstein-Backpulver und 2 EL Rohrohrzucker unterziehen. Das Mineralwasser dazugießen und mit dem Schneebesen oder einem Handrührgerät gut verquirlen. Zum Schluss die Korinthen unterziehen und den Teig zugedeckt 5–10 Minuten quellen lassen.

2. Etwas Kokosfett in einer großen Pfanne erhitzen. Den Teig in das heiße Fett gießen und bei mittlerer Hitze etwa 10 Minuten backen, bis sich kleine Bläschen an der Oberfläche zeigen. Dann den Schmarrn wenden, dazu auf einen Teller gleiten lassen oder eventuell mittig teilen.

3. Den Schmarrn nochmals etwa 5 Minuten backen, dann mit der Gabel in mundgerechte Stücke teilen. Gegebenenfalls noch etwas Fett hinzugeben. Die Stückchen mit dem restlichen Rohrohrzucker bestreuen und von allen Seiten leicht knusprig und goldbraun backen.

4. Den Kaiserschmarrn auf 2 Teller verteilen und mit Apfelmus (siehe Seite 142) oder Zwetschgenröster servieren.

SO MAG ICH'S

Mit frischem Apfelmus oder dem klassischen Zwetschgenröster schmeckt der Schmarrn besonders gut. Ich mag ihn aber auch gerne mit Zimt und Vanille. Oder ich gebe zum Schluss 1–2 EL Pinienkerne dazu und brate sie leicht mit an.

TONKA-PARFAIT
mit karamellisierten Nüssen

Zutaten für 2 Portionen

25 g Pistazien

25 g Mandelsplitter

50 g Rohrohrzucker

150 g Hafersahne

1 EL Kokosmehl

1 EL Amaretto

5 Tr. Tonkabohne Bio-Aroma

Kokosfett für die Förmchen

½ Mango zum Garnieren

Zeitbedarf
- 20 Minuten
- 5–6 Stunden gefrieren

So geht's

1. Die Pistazien schälen, mit den Mandelsplittern und dem Rohrohrzucker in eine Pfanne geben und bei schwacher bis mittlerer Hitze unter ständigem Rühren karamellisieren. Dabei darauf achten, dass die Masse nur leicht gebräunt, aber nicht zu dunkel wird.

2. Die Pfanne vom Herd nehmen. Eventuell kleine Klümpchen, die sich gebildet haben, mit einem Holzlöffel zerdrücken bzw. auflösen. Unter Rühren die Hafersahne und das Kokosmehl unterziehen. Den Amaretto unterrühren. Etwas abkühlen lassen und dann erst das Tonkabohne Bio-Aroma dazutropfen und unterziehen. Denn je heißer die Masse ist, desto schneller verfliegen die kostbaren ätherischen Öle.

3. 2 kleine, flache Formen mit etwas Kokosfett ausstreichen und die Parfait-Masse einfüllen. Im Gefrierfach 5–6 Stunden gefrieren lassen.

4. Das Parfait 20 Minuten vor dem Servieren aus dem Gefrierfach nehmen und antauen lassen, sodass die Konsistenz fest, aber nicht mehr hart gefroren ist. Die Mango schälen und in dünne Scheiben schneiden. Je Portion 2–3 Mangoscheiben auf einem Teller auslegen und das Parfait dazu anrichten.

SO SCHMECKT'S AUCH
Ein Dessert, das sich leicht und schnell zubereiten lässt und immer großes Lob von meinen Gästen geerntet hat. Als Variante bieten sich statt Pistazien auch Pinienkerne an oder Sie nehmen einfach nur Mandeln.

KOKOS-PANNA-COTTA
mit Heidelbeeren

Zutaten für 2 Portionen

200 ml Kokosmilch

100 ml Hafersahne

½ TL Agar-Agar

2 EL Rohrohrzucker

½ TL Vanillepulver

1 Prise Zimt

2 Tr. Mandarinen-Bio-Aroma

Kokosfett für die Förmchen

Für den Heidelbeerspiegel

50 g Heidelbeeren (frisch oder TK)

1 EL Rohrohrzucker

1 Mandarine zum Dekorieren

Zeitbedarf
- 15 Minuten
- 60 Minuten kühlen

So geht's

1. Von der Kokosmilch ½ Tasse abnehmen und beiseitestellen, die restliche Milch in einem Topf mit der Hafersahne aufkochen.

2. Das Agar-Agar in die beiseitegestellte Kokosmilch klümpchenfrei einrühren und unter die heiße Milch ziehen. Nochmals kurz aufkochen und vom Herd nehmen. Den Rohrohrzucker, Vanille, Zimt und zum Schluss das Mandarinen-Bio-Aroma unterrühren.

3. 2 Dessertförmchen oder kleine Tassen mit etwas Kokosfett ausstreichen, die Panna cotta einfüllen und für etwa 1 Stunde in den Kühlschrank stellen.

4. Die Heidelbeeren (frische Beeren vorher abspülen) mit dem Zucker kurz aufkochen. Mit dem Pürierstab fein pürieren.

5. Das Heidelbeer-Püree als Spiegel auf 2 Teller gießen und die Panna cotta vorsichtig daraufstürzen. Mit Mandarinenspalten garnieren.

SO SCHMECKT'S AUCH

Ein einfaches Dessert, aber trotzdem etwas Besonderes. Auch passionierte Hobbyköche, die der veganen Ernährung eher skeptisch gegenüberstehen, waren von dieser Variante begeistert und konnten gar nicht glauben, dass sie wirklich vegan ist. Man kann die Creme auch in kleine Weckgläser füllen, nach dem Abkühlen die Fruchtsauce darübergießen und verschließen – ideal für ein Picknick.

DIE MILCH MACHT'S
aus Soja, Nüssen & Getreide

In unserem Kulturkreis ist man ganz selbstverständlich mit Milch und Butter, Eiern und Fleisch aufgewachsen. Unsere Eltern haben uns so ernährt, wie sie es von ihren Eltern gelernt haben – ohne dies infrage zu stellen. Die Nachkriegsgeneration war natürlich dankbar, wenn es überhaupt genug zu essen gab. Ganz anders heute, wo zumindest in Westeuropa alles im Überfluss zur Verfügung steht und nicht mehr primär der Grundversorgung, sondern der Gewinnoptimierung von Nahrungsmittelkonzernen dient. Essen muss lecker und günstig sein! Was die Milch betrifft, hat diese Entwicklung eine Flut von Milcherzeugnissen auf den Markt geschwemmt, die den Verzehr von tierisch-artfremdem Eiweiß exorbitant anstiegen ließ – und analog dazu ganz unbemerkt auch Unverträglichkeiten und Allergien.

Unabhängige Ernährungswissenschaftler sind sich einig, dass eine Vielzahl sogenannter Zivilisationskrankheiten und insbesondere Autoimmunerkrankungen auf eine Fehlernährung mit erhöhter Aufnahme von artfremdem Eiweiß zurückzuführen ist. Kuhmilch ist ein optimales Lebensmittel – aber eben nur für das Kälbchen, solange es aufwächst! Dies ist das Fazit zahlreicher Einzelstudien, die in der weltweit umfassendsten epidemiologischen Ernährungsstudie „China Study" zusammengefasst sind.

Erfreulicherweise gibt es in Bioläden, Reformhäusern und auch Supermärkten ein stetig wachsendes Angebot von Pflanzenmilchsorten, die optisch und geschmacklich mehr oder weniger stark an die gewohnte Kuhmilch erinnern.

SOJAMILCH
Derzeit am bekanntesten ist die Sojamilch, die aus Sojabohnen hergestellt wird und auch die Vorstufe für Tofu ist. Aus ihr wird auch die derzeit einzige aufschlagbare Sahne hergestellt. Sojamilch enthält im Gegensatz zu Kuhmilch Phytoöstrogene, zu denen auch die Isoflavone zählen, die im Körper eine hormonähnliche Wirkung haben. Sie werden nicht nur in den Wechseljahren bei Hitzewallungen empfohlen, sondern können nach ersten Studien auch positive Effekte bei Herz-Kreislauf-Erkrankungen und bei der Entstehung von Krebs haben. Sojamilch lässt sich genauso verarbeiten wie Kuhmilch. Sie sollte unbedingt aus zertifiziertem Bio-Anbau, optimalerweise aus Deutschland, stammen. Bei normaler Sojamilch muss man davon ausgehen, dass sie aus genveränderten Sojabohnen hergestellt wird.

GETREIDEMILCH
Milch aus unterschiedlichsten Getreidesorten ist eine optimale Alternative zu Kuh- und Sojamilch und bestens zum Kochen geeignet. Hier ist neben der Reismilch die Hafer- und Dinkelmilch zu nennen. Neu im Bio-Fachhandel ist neben verschiedenen Getreidemilch-Mischungen wie Kokos-Reis und Dinkel-Mandel eine Hirsemilch mit angenehm aromatischem Geschmack.

Aus Reis- und Hafermilch wird auch Sahne hergestellt, die aber leider nicht aufschlagbar ist. Bei Hafersahne ist zu beachten, dass die Konsistenz, die durch den Wassergehalt bestimmt wird, je nach Hersteller unterschiedlich ist. In meinen Rezepten habe ich immer Sahne von „Oatly" verwendet, die besonders cremig ist. Ist die Hafersahne dünnflüssiger, benötigt man weniger davon.

NUSSMILCH
Im Bio-Fachhandel findet man neben Mandel- und Haselnussmilch auch Cashew- und Macadamia-Milch. Meine Lieblingsmilch ist Mandelmilch. Sie ist weiß wie Kuhmilch, etwas fetter als Getreidemilch und, neben Hafer- und Sojamilch, ideal zum Aufschäumen für Cappuccino & Co. Aus Mandelmilch wird auch Sahne hergestellt und von einer kleinen Schweizer Manufaktur eine sogenannte Mandelschlagcreme, die mascarponeähnliche Konsistenz hat.

MOUSSE AU CHOCOLAT
mit Johannisbeeren

Zutaten für 2 Portionen

125 g Bio-Bitterkuvertüre

125 ml Kokosmilch (80 %)

3 EL Rohrohrzucker

1 EL Amaretto

1 kleine Chilischote

75 g Bio-Mandelschlagcreme oder aufschlagbare Sojasahne

250 g Rote Johannisbeeren

Zeitbedarf
- 15 Minuten
- 2 Stunden kühlen

So geht's

1. Die Bitterkuvertüre in einer Edelstahlschüssel über einem Wasserbad schmelzen. Die Kokosmilch mit einem Schneebesen langsam und gleichmäßig unterrühren. Den Rohrohrzucker und Amaretto unterziehen. Die Chilischote waschen, entkernen und fein schneiden. Je nach Schärfe ¼ bis ½ TL Chili unter die Schokomasse rühren. Die Bio-Mandelschlagcreme unterziehen.

2. Die Mousse aus dem Wasserbad nehmen und mit einem Handrührgerät gut aufschlagen. Danach abkühlen lassen und anschließend für etwa 1 Stunde im Gefrierfach kalt stellen. Die Mousse sollte jedoch noch nicht gefroren sein.

3. Die Mousse nochmals etwa 5 Minuten aufschlagen und wieder kalt stellen. Je öfter dieser Vorgang wiederholt wird, umso lockerer und fluffiger wird die Mousse. Aber auch bereits nach zweimaligem Kaltstellen ist sie schon recht locker. Nach dem letzten Aufschlagen nur noch einmal kurz für etwa 10 Minuten kalt stellen.

4. Johannisbeeren auf 2 Teller verteilen und die Mousse mit einem befeuchteten Esslöffel danebensetzen.

SO SCHMECKT'S AUCH
Dieses Dessert schmeckt auch mit anderen Beeren, z. B. Himbeeren, Heidelbeeren oder auch Erdbeeren, zubereitet sehr gut. Auch Mango passt gut dazu.

KOKOSMILCHREIS
mit Apfelmus

Zutaten für 4 Portionen

200 g Milchreis

800 ml Kokosmilch (80 %)

2 Stangen Zimt

100 g Rohrohrzucker

¼ TL Zimt

Für das Apfelmus

3–4 Bio-Äpfel

2–3 EL Wasser

1–2 EL Rohrohrzucker

Zeitbedarf
- 15 Minuten
- 30 Minuten kochen

So geht's

1. Den Milchreis mit der Kokosmilch und den Zimtstangen in einem Topf aufkochen und bei schwacher Hitze zugedeckt 15 Minuten köcheln lassen. Danach auf der ausgeschalteten, aber noch warmen Herdplatte weitere 10–15 Minuten ausquellen lassen.

2. Die Bio-Äpfel waschen und mit Schale und Kerngehäuse in kleine Stücke schneiden. Die Äpfel in einem Topf mit 2–3 EL Wasser und mit 1–2 EL Rohrohrzucker (nach Geschmack und Apfelsorte) aufkochen und zugedeckt bei schwacher Hitze 10–15 Minuten köcheln lassen. Die Äpfel mit dem Pürierstab pürieren.

3. Den Milchreis mit einem Löffel umrühren und prüfen, ob er gar ist. Optimal ist er, wenn die einzelnen Reiskörner gar sind, aber der Reis nicht pappig ist. Ca. 80 g Rohrohrzucker unter den Milchreis rühren.

4. Kleine Weckgläser zu zwei Drittel mit Reis und zu einem Drittel mit Apfelmus befüllen. Mit Zimt und etwas Rohrohrzucker bestreuen.

SO MAG ICH'S

Der Kokosmilchreis eignet sich hervorragend als sättigende Zwischenmahlzeit und auch zum Mitnehmen ins Büro. Sie können den Reis auch mit einer Mischung aus 400 ml Kokosmilch und 400 ml Reismilch zubereiten. Wen die Schalenreste im Mus stören, der kann die Äpfel auch schälen. Ich verwende meistens ungeschälte Äpfel und püriere sie fein – so werde ich mit zusätzlichen Mineralstoffen belohnt.

TIRAMISU
der italienische Klassiker

Zutaten für 4 Portionen

Für die Löffelbiskuits

- 75 g Dinkelmehl Typ 1050
- 20 g Maismehl
- 40 g Rohrohrpuderzucker
- 1 EL Sonnenblumenöl
- ½ Päckchen Backpulver
- 40 ml Mandelmilch
- 40 ml Mineralwasser mit Kohlensäure

Für das Tiramisu

- 100 ml Espresso
- 350 g Bio-Mandelschlagcreme (Soyana)
- Mark von ½ Vanilleschote
- 45 g Rohrohrzucker
- 3 EL Amaretto
- 2 EL Kakaopulver
- Beeren zum Garnieren

Zeitbedarf
- 30 Minuten
- 3–4 Stunden kühlen

So geht's

1. Den Backofen auf 220 °C (200 °C Umluft) vorheizen. Für die Löffelbiskuits das Dinkelmehl mit Maismehl, Rohrohrpuderzucker, Sonnenblumenöl und Backpulver in eine kleine hohe Rührschüssel geben. Die Mandelmilch mit dem Handrührgerät unterrühren. Das Mineralwasser zügig unterrühren und die Masse sofort in eine Löffelbiskuitform (für 12 Stück) füllen. 10 Minuten backen, bis sie leicht gebräunt sind.

2. Für das Tiramisu 100 ml starken Espresso kochen und erkalten lassen. Die Mandelschlagcreme mit einem Rührgerät aufschlagen. Die ½ Vanilleschote ausschaben, mit dem Rohrohrzucker vermischen und unter die Mandelschlagcreme ziehen.

3. Den kalten Espresso in eine kleine flache Schale gießen und den Amaretto unterrühren. Eine flache viereckige Form, in welche die Löffelbiskuits passen, für das Tiramisu bereitstellen.

4. Je 1 Löffelbiskuit in den Espresso legen und drehen, bis beide Seiten gut getränkt sind. Die Hälfte der getränkten Löffelbiskuit nebeneinander in die Form legen. Die Hälfte der Mandelcreme darüber verteilen und glatt streichen. Die restlichen Löffelbiskuits tränken und als zweite Lage auf die Creme schichten. Die restliche Mandelcreme darauf verteilen und glatt streichen.

5. Die Form in den Kühlschrank stellen und die Creme 3–4 Stunden fest werden lassen. Vor dem Anrichten Kakaopulver durch ein Teesieb über das Tiramisu stäuben. Mit frischen Erdbeeren oder anderen Beeren garnieren und kühl servieren.

SO SCHMECKT'S AUCH

Die Mandelschlagcreme ist optimal für ein veganes Tiramisu, weil Mandeln und Amaretto eine Duft- und Geschmackswelt sind. Als Alternative können Sie auch eine Schlagcreme aus Sojamilch verwenden.

"Wir sind nicht nur verantwortlich für das, was wir tun, sondern auch für das, was wir nicht tun".
Laotse

AB JETZT VEGAN?
Verantwortung übernehmen

Bis zu meinem 16. Lebensjahr musste ich essen, was auf den Tisch kam. Am liebsten mochte ich Pfannkuchen, Milchreis und Kartoffelsalat. Frikadellen, neudeutsch „Burger", haben mir auch geschmeckt. Mit 16 Jahren habe ich dann erfahren, wo sie herkommen, und dass Gewürze die geschmacksgebende Komponente sind, die das Innenleben – eine geschredderte Historie des Grauens – überhaupt erst genießbar machen. Als kleiner Junge stand ich vor dem Schlachthof, und mein Blick fiel für eine Sekunde durch die offen stehende Tür, während mein Vater Fleischreste für unseren Hund holte. Dieser Augenblick hat mein weiteres Leben nachhaltig beeinflusst.

In letzter Zeit begegne ich immer öfter Menschen, die erklären, „fast gar kein Fleisch" mehr zu essen. Das freut mich, umso mehr, da ich mich lange Zeit für meine Ernährung entschuldigen musste. Und die Wut, die mich in den 1990er Jahren zu meinen Anti-Fleisch-Büchern angespornt hat, ist einer gewissen Entspanntheit und Zuversicht gewichen – und das hat Gründe. Immer mehr Menschen suchen nach einer natürlicheren Lebensweise, einer grundlegenden Umstellung herkömmlicher Denk- und Essgewohnheiten. Ob die Gründe dafür gesundheitliche Probleme, ethischer, ökologischer oder sozialer Natur sind: entscheidend ist die Suche, der Neubeginn!

Und der begann bei mir in meiner ersten eigenen Wohnung. Ich kann mich noch genau an mein letztes Stück Fleisch erinnern. Meine liebe Vermieterin klopfte an meine Zimmertür und brachte mir freudestrahlend ein Schnitzel, mit den Worten „frisch gebraten". Ich bedankte mich freundlich, ohne mir mein Entsetzen anmerken zu lassen. Doch brachte ich es nicht übers Herz, ihr zu erklären, warum ich es nicht essen konnte. Wegwerfen wollte ich es auch nicht. Am nächsten Tag habe ich es auf dem Weg zur Schule im nahe gelegenen Stadtwald vergraben. Ich dachte mir damals, tote Tiere vergräbt man ja auch.

Seit meinem 18. Lebensjahr lebe ich nun vegetarisch. Über verschiedene Ernährungslehren wie Makrobiotik und Rohkost bin ich recht schnell bei einer rein pflanzlichen Ernährung angekommen – den Begriff vegan gab es damals noch gar nicht. Durch meine Reisen nach Asien, insbesondere Indien, dem Land, wo Milch und Honig fließt, hat sich meine Ernährung hinsichtlich Milchprodukten vorübergehend gelockert.

Doch im Laufe meines Lebens sind die Gründe dafür, auf Fleisch, Milchprodukte und Honig zu verzichten, immer mehr geworden. Denn die Aussage „Mir schmeckt es eben!" und der damit verbundene gestiegene Fleischverzehr hat in den letzten Jahren dramatische Formen angenommen. Essen ist längst keine Privatsache mehr. Die Nachfrage nach Fleisch und tierischen Produkten beeinflusst direkt ein weltweites Netzwerk des Grauens und der Zerstörung – und nicht nur das Leid, das Tieren zugefügt wird, sondern auch den Menschen, die in diese Maschinerie eingebunden sind, vom Futteranbau mit Giften bis hin zum Schlachthof. Für den „Genießer" kommt noch das Krebsrisiko dazu.

Niemand erwartet, dass wir uns von heute auf morgen rein pflanzlich ernähren, wenngleich das der Rettung unserer Erde einen enormen Schub geben würde. Aber darauf zu achten, bewusst und möglichst wenig Fleisch und tierische Produkte zu essen, das ist unsere Verantwortung, der sich niemand entziehen kann. Es entscheidet darüber, ob wir unseren Kindern und Enkelkindern ein lebenswertes Dasein ermöglichen.

SAISONKALENDER
für Obst & Gemüse

- 🟩 Haupterntezeit heimisches Obst & Gemüse
- 🟨 Erntezeit Mittelmeerländer
- 🟢 Lagerware

	Jan.	Febr.	März	April	Mai	Juni	Juli	Aug.	Sept.	Okt.	Nov.	Dez.
OBST												
Äpfel	🟢	🟢	🟢	🟢				🟩	🟩	🟩	🟢	🟢
Apfelsinen	🟨	🟨	🟨								🟨	🟨
Aprikosen							🟩	🟩				
Birnen								🟩	🟩	🟢	🟢	🟢
Brombeeren								🟩	🟩			
Clementinen/ Mandarinen	🟨										🟨	🟨
Erdbeeren						🟩	🟩					
Grapefruits	🟨	🟨	🟨	🟨								🟨
Heidelbeeren							🟩	🟩				
Himbeeren							🟩	🟩				
Holunderbeeren								🟩	🟩			
Johannisbeeren						🟩	🟩					
Kirschen							🟩					
Kiwis	🟨	🟨	🟨							🟨	🟨	🟨
Melonen						🟨	🟨	🟨	🟨	🟨	🟨	
Mirabellen								🟩	🟩			
Pfirsiche							🟩	🟩				
Pflaumen/ Zwetschgen								🟩	🟩			
Preiselbeeren								🟩	🟩	🟩		
Quitten										🟩	🟩	
Stachelbeeren							🟩	🟩				
Weintrauben								🟩	🟩			

SAISONKALENDER

Legende: ● = frisch verfügbar, ○ = aus Lager

	Jan.	Febr.	März	April	Mai	Juni	Juli	Aug.	Sept.	Okt.	Nov.	Dez.
GEMÜSE												
Artischocken						●	●	●	●			
Blumenkohl					●	●	●	●	●	●	●	
Brokkoli						●	●	●	●	●	●	
Chicorée	●								●	●	●	●
Chinakohl							●	●	●	●	●	●
Eisbergsalat						●	●	●	●	●		
Endivensalat						●	●	●	●	●	●	
Erbsen, grün						●	●	●	●			
Feldsalat	●	●						●	●	●	●	●
Fenchel						●	●	●	●	●	●	
Grüne Bohnen							●	●	●	●		
Grünkohl	●	●								●	●	●
Knollensellerie	○	○	○	○			●	●	●	●	●	○
Kopfsalat					●	●	●	●	●	●		
Kürbis	○	○	○					●	●	●	○	○
Maiskolben								●	●	●		
Meerrettich	●	●	●	●					●	●	●	●
Möhren	○	○	○	○	○	●	●	●	●	●	○	○
Paprikaschoten							●	●	●	●		
Petersilienwurzel	○	○	○	○					●	●	●	○
Porree	●	●	●	●	●	●	●	●	●	●	●	●
Radieschen					●	●	●	●	●	●		
Rettich	○	○	○	○	●	●	●	●	●	●	●	○
Rhabarber				●	●	●						
Rosenkohl	●									●	●	●
Rote Bete	○	○	○	○	○	●	●	●	●	●	○	○
Rotkohl	○	○	○	○		●	●	●	●	●	●	○
Salatgurken					●	●	●	●	●	●		
Schwarzwurzeln									●	●	●	
Spargel				●	●	●						
Spinat				●	●	●	●	●	●	●		
Spitzkohl					●	●	●	●	●	●	●	
Staudensellerie					●	●	●	●	●	●	●	
Tomaten							●	●	●	●	●	
Weißkohl	○						●	●	●	●	●	○
Wirsing							●	●	●	●	●	●
Zucchini						●	●	●	●	●		
Zwiebeln	○	○	○	○	○	○	●	●	●	●	○	○

OBST & GEMÜSE
am besten regional & saisonal

ERNTEZEITEN

Wir leben in Europa in einem Garten Eden, einem Schlaraffenland, zumindest was die Auswahl an frischen Früchten, Beeren und Gemüse anbelangt. Doch das scheinbar grenzenlose Angebot verschleiert sowohl Herkunft als auch Reifezeit. Bei einem Apfel ist die heimische Erntezeit vielleicht gerade noch bekannt, doch bei Orangen, die in Europa zwar zweimal geerntet werden, wird es schon schwierig. Und bei exotischen Früchten und Gemüse ist die Reife weitestgehend unbekannt. Dass Bananen und andere exotische Früchte unreif geerntet werden müssen, damit sie bei uns noch frisch im Regal liegen, ist bekannt. Auch dass für den langen Transport zahlreiche chemische Giftduschen erforderlich sind, um Obst und Gemüse vor Schädlingen zu schützen. Was erst allmählich in den Fokus der Wahrnehmung kommt, ist die CO_2-Belastung durch den Transport sowie die großflächige Vergiftung von Grundwasser und Boden in den meist armen Ursprungsländern.

Der Slogan „Think global, buy local" ist mir schon vor über 10 Jahren auf einer Reise durch Australien immer wieder begegnet. Das Bewusstsein, das diesen Spruch in Down Under bekannt gemacht hat, trifft auch bei uns seit einigen Jahren zunehmend auf offene Ohren: Lieber die regionale Wirtschaft und kleine Unternehmen unterstützen statt Konzerne, die mit ihrer Skrupellosigkeit alles tun, um unseren Untergang zu beschleunigen. Und dabei die Augen nicht vor globalen Problemen verschließen. Durch unser Votum für Bio-Produkte tun wir das Beste – sowohl regional wie auch global!

HEIMISCHE FRÜCHTE

Frisches, möglichst naturbelassenes Obst und Gemüse spielt in unserer Ernährung eine ganz zentrale Rolle – und zwar nicht nur in der veganen Küche, auch in der als „normal" bezeichneten Mischkost sind die Früchte der Natur für die Gesunderhaltung des Körpers unersetzlich.

ÄPFEL

„Mir hilft, was ich mag – ein Apfel am Tag!" Die frei formulierte Übersetzung von „An Apple a day keeps the doctor away" ist sicher eine etwas vereinfachte Darstellung, doch zielt in die richtige Richtung. Etwas Naturbelassenes jeden Tag zu essen, dient unserer Gesundheit und erhöht unser Wohlbefinden. Äpfel sind wohl die bekannteste und bedeutendste einheimische Frucht. Allein im letzten Jahrhundert haben sich die Apfelsorten verzehnfacht und so gibt es heute über 2.000 verschiedene Sorten. Äpfel sind reich an Vitamin A, B und C und enthalten je nach Sorte neben Mineralien und Spurenelementen auch den Fruchtstoff Pektin, der wegen seiner andickenden Eigenschaft zur Herstellung von Marmelade geschätzt wird. Der Apfel ist jedoch mehr als nur eine köstliche Frucht. Seine Heilwirkungen waren schon im Altertum bekannt

und haben sich bis heute als Hausmittel bewährt: geriebene saure Äpfel helfen bei Durchfall, ein ganzer Apfel, mit Schale und Gehäuse verspeist, hat eine verdauungsregulierende Wirkung.
Heimische Äpfel sind trotzt begrenzter Erntezeit nicht nur von Herbst bis Winter, sondern durch perfektionierte Lagerung fast ganzjährig erhältlich, und zwar auch regional!

BEEREN

Beerenfrüchte wie z.B. Erdbeeren, Himbeeren, Johannisbeeren, Heidelbeeren oder Preiselbeeren sind äußerst saisonabhängig, da sie frisch nicht lagerfähig sind. Es gibt mittlerweile auch ein großes Angebot an tiefgefrorenen Beeren aus zertifiziertem Bio-Anbau. Allerdings sollte ihre Verwendung, aufgrund der CO_2-Belastung durch die Kühlung, eher die Ausnahme bleiben. Zu den wichtigsten Beeren zählen, neben Erdbeeren und Blaubeeren, die Himbeeren, die sehr reich an Mineralstoffen, besonders Eisen, sind und Vitamin B_2, Niacin und Vitamin C enthalten. Die Kerne enthalten nach neuesten Studien sogar krebsvorbeugende Stoffe.

BIRNEN

Birnen gehören, wie Äpfel, zu den ältesten und am weitesten verbreiteten kultivierten Obstsorten. Sie haben weniger Säure als Äpfel und enthalten neben Kalium auch die Vitamine A und C. Wie Äpfel sind sie ideal fürs Müsli. Und auch hier sitzen die meisten Vitamine unter der Schale, deshalb sollte man sie mitverspeisen.

EXOTISCHE FRÜCHTE

Hier ist es besonders wichtig, auf zertifizierten Bio-Anbau zu achten und die exotischen Früchte, aufgrund der langen Transportwege, sehr bewusst zu verwenden.

BANANEN

Sie zählen zu den beliebtesten Südfrüchten. Neben recht hohem Zucker-, Stärke- und Kaliumgehalt sind nur die Vitamine der B-Gruppe, Vitamin C und Magnesium nennenswert. Eine endgültige Beurteilung auf wissenschaftlicher Basis ist äußerst schwierig, da Bananen die mit Abstand stärkste Lobby haben und fast ausschließlich Lobeshymnen mit Inhaltsstoffen an der Nachweisgrenze zu finden sind. Fakt ist, sie schmecken und sind allgemein gut verträglich. Ihr gesundheitlicher Aspekt wird stark durch Herkunft und Anbau beeinflusst. Da konventionelle Bananen aus Übersee über 13-mal allein auf dem Transport gespritzt und begast werden und ihre Schale als Sondermüll entsorgt werden müsste, ist es empfehlenswert, nur zertifizierte Bio-Bananen aus Europa zu kaufen.

ORANGEN

Sie zählen in Deutschland zu den bedeutendsten Zitrusfrüchten. Die Orange, die ursprünglich aus China stammt, wird bei uns seit über 2.000 Jahren im gesamten Mittelmeerraum angebaut. Orangen sind reich an Fruchtsäuren, Aromastoffen, Vitaminen und Mineralstoffen. Ihr Vitamin C-Gehalt wird jedoch überbewertet, da heimische Johannisbeeren und Stachelbeeren vergleichbare Vitamin-C-Werte haben, Erdbeeren sogar fast die doppelten und schwarze Johannisbeeren sogar die 5-fachen Vitamin-C-Werte aufweisen. Orangen gelten dennoch bei Jung und Alt als Symbol für Gesundheit, Vitalität und Lebensfreude. Es ist auch hier wegen der enormen chemischen Belastungen empfehlenswert, ausschließlich Bio-Orangen.

TROCKENFRÜCHTE

Früher wurden zu Hause oft überschüssige Früchte getrocknet. Die einfachste Methode ist die Lufttrocknung, bei der die Früchte, z.B. Äpfel, in Scheiben geschnitten und auf gespannte Schnüre gezogen werden. Ideal ist ein luftiger, trockener und konstant warmer Ort (optimal zwischen 30 und 50 °C). Wer einen eigenen Garten mit viel Obst hat, für den lohnt sich eventuell auch die Anschaffung eines Dörrgerätes. Beim Trocknen oder Dörren wird der Wassergehalt der Früchte um etwa 70–80% reduziert. Neben Äpfeln und Birnen eignen sich auch besonders Aprikosen und Pflaumen für diese natürliche Art der Konservierung. Sehr beliebt sind auch getrocknete Datteln und Feigen. Wer getrocknete Früchte kauft, sollte Bio-Ware kaufen, denn nur dann sind die Früchte aus kontrolliert biologischem Anbau und werden ohne Schwefel oder andere Konservierungsstoffe getrocknet und haltbar gemacht.

GEMÜSE

Es galt jahrhundertelang als „Arme-Leute-Essen" und wurde allenfalls als Beilage an den Tellerrand verbannt. Bereits der Name, der von „Mus" abgeleitet ist, lässt ahnen, wie Gemüse lange Zeit verarbeitet wurde: zu einem geschmacklosen Brei verkocht. In jüngster Zeit wird jedoch – auch in Restaurants – ein Umdenkungsprozess sichtbar. Gemüse hat sich zum „Fleisch" der vegetarisch-veganen Bewegung entwickelt und steht nun bei vielen Vorspeisen und Hauptgerichten im Mittelpunkt. Die einzelnen Gemüsesorten werden unterteilt in:

- **Wurzelgemüse** (Fruchtbildung im Wurzelbereich): z.B. Möhren, Rote Bete, Kartoffeln, Zwiebel, Knoblauch, Radieschen, Rettich, Schwarzwurzel

- **Blattgemüse** (Fruchtbildung im Blattbereich): alle Salat- und Kohlarten, Spinat, Petersilie

- **Blütengemüse** (Fruchtbildung in der Blüte): z.B. Blumenkohl, Brokkoli, Artischocken

- **Fruchtgemüse** (Fruchtbildung im Samenbereich): z.B. Erbsen, Bohnen, Linsen, Tomaten, Gurken, Kürbisse

BROKKOLI

Er ist ein grüner Verwandter des Blumenkohls und stammt in seiner Urform aus Vorderasien. Genießbar sind nicht nur die Blüte, sondern auch die zarten Stängel. Brokkoli hat einen doppelt so hohen Vitamin C-Gehalt wie Grapefruits (allerdings nur im Rohzustand) und enthält neben Vitamin A und B auch noch Beta-Carotin.

KNOBLAUCH

Die sagenumwobene Würzpflanze wird in den Mittelmeerländern besonders häufig verwendet und hat die mediterrane Küche stark geprägt. Wegen seiner gesundheitsfördernden Wirkung (abwehrstärkend, keimtötend, blutverdünnend) und seines charakteristischen Geschmacks ist Knoblauch auch bei uns immer beliebter geworden und ist insbesondere in der veganen Küche als eine geschmacksgebende Basisnote von nicht zu unterschätzender Bedeutung.

MÖHREN

Möhren sind für mich das heimische Superfood-Gemüse! Sie sind reich an Karotinoiden, die u.a. im Körper in Vitamin A umgewandelt werden, welches fettlöslich ist und auch als Augen- und Haut-Vitamin bezeichnet wird. Daneben enthalten Möhren Vitamine der B-Gruppe, D, E sowie Vitamin K, welches die Blutgerinnung steuert. An Mineralstoffen sind Eisen, und Magnesium enthalten. Durch den hohen Gehalt an Folsäure kann das Eisen vom Organismus besser aufgenommen werden. Einfach öfter einmal in eine frische Bio-Möhre beißen, bei kaum einem anderen Gemüse wird die Power schon beim Essen so spürbar!

ROTE BETE

Sie werden auch Rote Rüben genannt und sind ein wichtiges heimisches Wurzelgemüse. Sie sind reich an Mineralstoffen, besonders Eisen und haben einen hohen Vitamin-C-Gehalt. Roh geraspelt enthalten sie auch noch alle hitzeempfindlichen Vitamine wie z.B. das Vitamin C.

SELLERIE

Man unterscheidet nach Knollen-, Bleich- und Stauden-Sellerie. Der am weitesten verbreitete und auch in meinen Rezepten verwendete ist der Knollensellerie, der schon seit Jahrtausenden als Heilpflanze geschätzt wird und z.B. in der traditionellen chinesischen Medizin (TCM) bei hohem Blutdruck eingesetzt wird. Sellerie enthält beachtliche Mengen an Polyphenolen sowie Beta-Karotin und Vitamin C, die alle eine antioxidative Wirkung haben
Kulinarisch eignet sich Knollensellerie hervorragend für Rohkost-Salate, Suppen für Aufläufe oder in Scheiben geschnitten zum Braten. Die Knolle hat es wirklich in sich und ihre Kraft ist in einem frisch zubereiteten Salat sofort zu spüren.

SALAT

Handelsübliche Blattsalate, vor allem Kopfsalat und Eisbergsalat, haben im Verhältnis zu anderen Gemüsesorten nur sehr bescheidene Inhaltsstoffe aufzuweisen. Wintersalate wie Chicorée oder Radicchio dagegen sind vitamin- und mineralstoffreicher. Die durch die konventionelle Landwirtschaft ausgebrachten chemischen Spritzmittel und Dünger führen zu einer erheblichen Belastung von Ni-

trat, das in unserem Körper in Nitrit, das als krebserregend gilt, umgewandelt wird.
Salat am besten immer regional, direkt vom Feld aus Bio-Anbau kaufen und möglichst frisch mit anderen Gemüsesorten wie Möhren, Kohlrabi etc. sowie mit Nüssen und Kernen zu einer vitalstoffreichen Vorspeise zubereiten.

HÜLSENFRÜCHTE

Bohnen werden noch heute in vielen südamerikanischen und asiatischen Ländern als Grundnahrungsmittel geführt. Sie weisen mit etwa 30 % einen sehr hohen Gehalt an pflanzlichem Eiweiß auf. Bohnen sind aufgrund ihrer Stickstoffverbindung (Phasin) nur gekocht genießbar. In der spanischen Paella sind grüne Bohnen unverzichtbar.

KÜRBIS

Vor allem die gelbfleischigen Kürbisse enthalten viel Beta-Karotin sowie A-, E- und B-Vitamine. Die bei uns beliebteste Kürbissorte ist der Hokkaido. Da die Schalen dünn sind, können sie mitgekocht werden. Das besonders zarte Fruchtfleisch ergibt wundervoll cremige Suppen und Gemüsegerichte.
Die Kürbiskerne werden immer entfernt, können aber getrocknet und als Snack geknabbert werden. Besonders fein sind die grünen Kerne des sogenannten Ölkürbisses. Ihre Schalen sind nicht verholzt, sondern nur von einem dünnen Silberhäutchen umgeben. Aus ihnen wird auch ein hochwertiges Kürbiskernöl kalt gepresst, das viele ungesättigte Fettsäuren enthält und gerne für Salate oder als Garnitur für Kürbissuppen verwendet wird.
Auch die Zucchini zählt zu den Kürbissen, und zwar zu den Sommerkürbissen, die unreif geerntet werden und deshalb eine weiche Schale haben, die mitgegessen werden kann.

PAPRIKA

Paprika zählen zur Familie der Nachtschattengewächse und kommen ursprünglich vor allem aus Süd- und Mittelamerika. Sie wachsen in den Farben Grün, Gelb, Orange und Rot, enthalten viel Vitamin C und sollten deshalb oft in rohem Zustand verzehrt werden, beispielsweise als Salat oder Gemüsesticks zum Dippen. Je röter, d.h., je reifer sie sind, desto mehr Beta-Carotine sind ent-

halten, außerdem Flavonoide. Da Paprikaschoten häufig sehr stark gespritzt werden, ist hier der kontrolliert biologische Anbau besonders wichtig! Neben den milden Gemüsepaprikaschoten gibt es auch die scharfen Gewürzpaprika, wie z.B. Chili. Hier sorgt das Alkaloid Capsaicin in unterschiedlicher Konzentration für die Schärfe.

REGISTER VON A–Z

A

Amaretto-Möhren mit Äpfeln & Mandeln 49
Anbau, konventioneller 14
Antipasti veganese mit Paprika, Fenchel & Möhren 57
Äpfel 150
Ätherische Öle 58
Avocadocreme mit Meerrettich 45

B

Baked Beans auf Dinkeltoast 42
Banana Pancake mit Ahornsirup 37
Bananen 151
Beeren 51
Bio-Anbau 15
Bio-Aromen 58
Bio-Siegel 15
Bircher-Müsli de luxe 27
Bircher-Müsli 27
Birnen 51
Bohnen 153
Brokkoli 152
Byron Bay Wrap mit Falafel 83

C

Cashewkerne 23
Champignonpaste mit Walnüssen 45
Chicorée mit Mandarinen 61
China Study 9
Chorizo 23
Couscous-Taler mit Fenchel & Granatapfel 65
Crème Brûlée mit Tonkabohne 130

D

Dinkelwaffeln mit Mandelcreme 34

E

Ernährungslehren 10
Erntezeiten 150
Exotische Früchte 151

F

Falafel 83
Fenchel-Salat mit Quinoa & Orange 62
Früchte, exotische 151
Früchte, heimische 150

G

Gemüse 152
Gentechnik 14
Geruchssinn 14
Getreide 18
Getreidemilch 138
Gluten 12
Gnocchi, grüne, mit Kürbis-Ratatouille 122
Gomasio 22

H

Haferflocken 30
Hafermilch 138
Heimische Früchte 150
Heimisches Superfood 20
Hirse-Gratin mit Brokkoli & Möhren 125
Hülsenfrüchte 153
Hummus 110

K

Kaiserschmarrn 133
Kala Namak (Schwarzsalz) 22
Kartoffelplätzchen „Delhi" mit Apfel-Möhren-Chutney 113
Kerniges Müsli mit Feigen 30
Kichererbsenmehl 22
Knoblauch 152
Konventioneller Anbau 14
Kokosmehl 22
Kokosmilchreis mit Apfelmus 142
Kokos-Müsli mit Datteln & Banane 31
Kokos-Panna-Cotta mit Heidelbeeren 137
Konservierung 15
Kräuterseitlinge mit Endiviensalat 61
Kroketten aus Buchweizen mit Hummus 110
Kürbis 153
Kürbiskerne 153
Kürbissuppe mit Süßkartoffel & Apfel 75

L

Lasagne Antonella mit Aubergine, Paprika & Zucchini 101
Lupinenmehl 22

REGISTER

M

Makrobiotik 10
Mandelmilch 138
Mandelschlagcreme 23
Minestrone mit Cashew-
   Parmesan 71
Miso 22
Miso-Suppe 76
Möhren 152
Möhrenaufstrich mit Zucchini 44
Möhren-Rohkost mit Feigen 49
Möhrenspaghetti mit Pistazien 66
Möhrenstreifen mit Pfirsich &
   Haselnüssen 66
Mousse au Chocolat mit Johannis-
   beeren 141
Müsli, kerniges, mit Feigen 30

N

Nudelsalat mit Gemüse, Oliven &
   Kapern 121
Nussmilch 138

O

Obst & Gemüse 150
Omelett mit Champignons 38
ORAC-Werte 20
Orange Sunrise mit Obst &
   Mohn 28
Orangen 151

P

Paella mit Paprika, Bohnen &
   Erbsen 118
Paprika 153
Pfannkuchen mit Kräuter-Mandel-
   Ricotta 79
Pickert 88
Pitabrote mit Tahini-Dip 84
Pizza verdure mit getrockneten
   Tomaten & Rucola 98
Porridge mit Obst 33

Q

Quiche mediterran mit Gemüse
   und Oliven 97

R

Ravioli à la sorpresa 106
Red Thai-Curry mit Paprika,
   Zucchini & Aubergine 114
Reiscreme mit Chili & Zimt 33
Reismilch 138
Rettich, schwarzer, mit Chia-
   Samen 54
Risotto mit Champignons 105
Rohkost 11
Rote Bete mit Pistazien 54
Rote Bete 152
Rote-Bete-Carpaccio mit Wild-
   kräutersalat 53
Rote-Bete-Suppe mit Orange 72

S

Saatgut 14
Saisonkalender 154
Salat 152
Schwarzer Rettich mit Chia-
   Samen 54
Schwarzsalz 22
Seitan 23
Sellerie 152
Selleriepaste mit Zucchini 44
Selleriepüree mit Couscous-
   Stäbchen 93
Sellerie-Schnitzel mit Trüffelöl 109
Sesamkartoffeln mit Curry-
   bohnen 117
Sojamilch 138
Spaghetti tricolore mit Möhren &
   Zucchini 102
Speiseplan 17
Superfood, heimisches 20
Superfoods 20
Superherbs 58

T

Tamari 22
Tiramisu 145
Tofürei mit Gemüse 41
Tonka-Parfait mit karamellisierten
   Nüssen 134
Tortilla à la espanola 80
Trockenfrüchte 151
Unverträglichkeiten 12

V

Veggie-Burger mit Kidney-
   bohnen 87
Vollkorn 12

W

Waldorfsalat mit Trüffelöl 50
Weiterverarbeitung 15
Wertigkeit von Lebensmitteln 16

Z

Zitrus-Aromen 58
Zusatzstoffe 15
Zwiebelkuchen 94

THEMENREGISTER

FRÜHSTÜCK

Avocadocreme mit Meerrettich 45
Baked Beans auf Dinkeltoast 42
Banana Pancake mit Ahornsirup 37
Bircher-Müsli de luxe 27
Bircher-Müsli 27
Champignonpaste mit Walnüssen 45
Dinkelwaffeln mit Mandelcreme 34
Kokos-Müsli mit Datteln & Banane 31
Möhrenaufstrich mit Zucchini 44
Müsli, kerniges, mit Feigen 30
Omelett mit Champignons 38
Orange Sunrise mit Obst & Mohn 28
Porridge mit Obst 33
Reiscreme mit Chili & Zimt 33
Selleriepaste mit Zucchini 44
Tofürei mit Gemüse 41

SALATE & VORSPEISEN

Amaretto-Möhren mit Äpfeln & Mandeln 49
Antipasti veganese mit Paprika, Fenchel & Möhren 57
Chicorée mit Mandarinen 61
Couscous-Taler mit Fenchel & Granatapfel 65
Fenchel-Salat mit Quinoa & Orange 62
Kräuterseitlinge mit Endiviensalat 61
Möhren-Rohkost mit Feigen 49
Möhrenstreifen mit Pfirsich & Haselnüssen 66
Rettich, schwarzer, mit Chia-Samen 54
Rote Bete mit Pistazien 54
Rote-Bete-Carpaccio mit Wildkräutersalat 53
Waldorfsalat mit Trüffelöl 50

SUPPEN & SNACKS

Minestrone mit Cashew-Parmesan 71
Möhrenspaghetti mit Pistazien 66
Rote-Bete-Suppe mit Orange 72
Kürbissuppe mit Süßkartoffel & Apfel 75
Miso-Suppe 76
Pfannkuchen mit Kräuter-Mandel-Ricotta 79
Tortilla à la espanola 80
Byron Bay Wrap mit Falafel 83
Pitabrote mit Tahini-Dip 84
Veggie-Burger mit Kidneybohnen 87
Pickert 88

HAUPTGERICHTE

Gnocchi, grüne, mit Kürbis-Ratatouille 122
Hirse-Gratin mit Brokkoli & Möhren 125
Kartoffelplätzchen „Delhi" mit Apfel-Möhren-Chutney 113
Kroketten aus Buchweizen mit Hummus 110
Lasagne Antonella mit Aubergine, Paprika & Zucchini 101
Nudelsalat mit Gemüse, Oliven & Kapern 121
Paella mit Paprika, Bohnen & Erbsen 118
Pizza verdure mit getrockneten Tomaten & Rucola 98
Quiche mediterran mit Gemüse und Oliven 97
Ravioli à la sorpresa 106
Red Thai-Curry mit Paprika, Zucchini & Aubergine 114
Risotto mit Champignons 105
Selleriepüree mit Couscous-Stäbchen 93
Sellerie-Schnitzel mit Trüffelöl 109
Sesamkartoffeln mit Currybohnen 117

Spaghetti tricolore mit Möhren & Zucchini 102
Zwiebelkuchen 94

NACHSPEISEN

Creme Brulée mit Tonkabohne 130
Grieß-Flammeri mit Zwetschgenspiegel 129
Kaiserschmarrn 133
Kokosmilchreis mit Apfelmus 142
Kokos-Panna-Cotta mit Heidelbeeren 137
Mousse au Chocolat mit Johannisbeeren 141
Tiramisu 145
Tonka-Parfait mit karamellisierten Nüssen 134

WARENKUNDE

Anbau, konventioneller 14
Äpfel 150
Ätherische Öle 58
Bananen 151
Beeren 51
Bio-Anbau 15
Bio-Aromen 58
Bircher-Müsli 27
Birnen 51
Brokkoli 152
Cashewkerne 23
Chorizo 23
Erntezeiten 150
Früchte, exotische 151
Früchte, heimische 150
Gemüse 152
Getreide 18
Getreidemilch 138
Gluten 12
Gomasio 22
Hafermilch 138
Heimisches Superfood 20
Hülsenfrüchte 153

Kala Namak (Schwarzsalz) 22
Kichererbsenmehl 22
Knoblauch 152
Kokosmehl 22
Konservierung 15
Kürbis 153
Lupinenmehl 22
Makrobiotik 10
Mandelmilch 138
Mandelschlagcreme 23
Miso 22
Möhren 152
Nussmilch 138
Obst & Gemüse 150
ORAC-Werte 20
Orangen 151
Paprika 153
Reismilch 138
Rohkost 11
Rote Bete 152
Saatgut 14
Saisonkalender 154
Salat 152
Schwarzsalz 22
Seitan 23
Sellerie 152
Sojamilch 138
Superfood, heimisches 20
Superfoods 20
Superherbs 58
Tamari 22
Trockenfrüchte 151
Unverträglichkeiten 12
Vollkorn 12
Weiterverarbeitung 15
Wertigkeit von Lebensmitteln 16
Zitrus-Aromen 58

Rezepte für — Genuss-Veganer

2 Bio-Öle à 10 ml und Buch (96 Seiten),
ca. €(D) 20,–

Kochen mit ätherischen Ölen: ein sinnliches Vergnügen und ideal für die schnelle und zugleich besondere Küche. Dieses Paket enthält alles, was man für einen gelungenen Start braucht: zwei Bio-Öle als Zutaten und leckere vegane Rezepte. Susanna Färber zeigt, wie man mit Kräuter- und Gewürzessenzen aus einfachsten Gerichten wahre Geschmackserlebnisse zaubert. In der Einleitung erklärt die Aromaexpertin die Basics und Vorteile des neuen Küchentrends vom Aromagaren bis zu den gesundheitlichen Aspekten. Eine Entdeckung für alle, die die einfache, raffinierte Küche lieben.

kosmos.de

160 Seiten, ca. €(D) 19,99

Ob knusprige Amaranth-Brötchen, Dinkelstange Provençale oder feine Kokos-Muffins: Die veganen Köstlichkeiten sind schnell und unkompliziert zu backen – ganz ohne Butter, Eier, Milch oder Sahne. In über 80 kreativen Rezepten von herzhaft bis süß zeigt Axel Meyer in seiner neuen Kunst des Backens, wie volles Korn und rein pflanzliche Zutaten zu gesundem Backgenuss kombiniert werden können. Mit kleinem Back-Kurs und viel Wissenswertem rund um die vegane Ernährung. Einfach lecker!

AKTEURE

Axel Meyer ist Autor zahlreicher Sachbücher im Bereich gesunder Ernährung, ganzheitlicher Lebensweise und Aromatherapie. Seit seinen ersten Büchern, „Die Kunst des Backens" (1979) und „Kostproben aus der Pflanzenküche" (1981), gilt er als Pionier der Naturkostbewegung in Deutschland. Sein „Lexikon der Düfte" (12. überarbeitete Auflage 2013) gilt als ein Standardwerk der Aromatherapie. Die Arbeit, Erforschung und Beschreibung der aromatischen Pflanzen und den daraus gewonnenen reinen Naturdüften, war die Geburtsstunde der TAOASIS Natur Duft Manufaktur. Axel Meyer versucht in all seinen Veröffentlichungen, das aus dem Gleichgewicht geratene Verhältnis von Mensch und Natur ins Gedächtnis zu rufen und aufzuzeigen, dass Umwelt- und Körperbewusstsein nicht voneinander zu trennen sind. Die vegetarische, mehr noch vegane Lebensweise ist hierzu ein wichtiger Baustein, der im Begriff ist, in der Mitte der Gesellschaft anzukommen.
www.axelmeyer.de

Anne Rogge und **Jan Jankovic** sind Diplom-Fotodesigner aus Düsseldorf. Gemeinsam führen sie das Fotostudio Rogge & Jankovic Fotografen mit den Schwerpunkten Food, Stills und Places. Für ihr Kochbuch „Herbst Winter Gemüse", ebenfalls im KOSMOS Verlag erschienen, wurde Anne Rogge 2008 in der Kategorie Fotografie mit dem Gourmand Cookbook Award ausgezeichnet. Gemeinsam haben sie für dieses Kochbuch die veganen Köstlichkeiten in das richtige Licht gerückt.

DANKE
Mein besonderer Dank gilt Susanna Färber für ihre tatkräftige und kreative Unterstützung.

IMPRESSUM

Umschlaggestaltung von Gramisci Editorialdesign, Claudia Geffert, München, unter Verwendung eines Fotos von Rogge & Jankovic Fotografen

Mit 72 Farbfotos von Rogge & Jankovic Fotografen

Rezepte, Geling-Tipps, Infos zum KOSMOS-Kochbuch-Programm und vieles mehr unter **kosmos.de/kochen**

Unser gesamtes Programm finden Sie unter **kosmos.de**
Über Neuigkeiten informieren Sie regelmäßig unsere Newsletter, einfach anmelden unter **kosmos.de/newsletter**

Gedruckt auf chlorfrei gebleichtem Papier

© 2016, Franckh-Kosmos Verlags-GmbH & Co. KG, Stuttgart
Alle Rechte vorbehalten
ISBN 978-3-440-14994-2
Projektleitung und Lektorat: Dr. Eva Eckstein
Gestaltungskonzept und Layout: Gramisci Editorialdesign, Claudia Geffert, München
Satz: Cordula Schaaf, Grafik-Design, München
Produktion: Eva Schmidt
Printed in Italy / Imprimé en Italie